Financial Engineering
金融工学入門

Finance & Technology

はじめに

　現在、金融は、私達の生活に不可欠なものになっています。

　日常的に金融機関を利用し、資産形成のためにさまざまな投資ができるようになっています。

　さらに「フィンテック」(Fintech)という「金融」と「IT技術」の融合分野が急速に発展しています。

　金融の数学的基礎を利用して金融を工学的に研究する分野は、「金融工学」と言われています。

　「金融工学」の歴史は1950年代に始まり、1980年代には非常に注目されました。

　そして、現在、「フィンテック」の理論的基礎の1つとして「金融工学」の有用性が再認識されています。

　したがって、「フィンテック」を充分理解するには「金融工学」の知識が要求されます。

　しかし、「金融工学」を学ぶには、数学や経済学などの幅広い前提知識が必要になります。

　本書は、「金融工学」を効率的に学ぶことを目的としています。金融と関連する数学的懸念を簡潔に記し、「金融工学」の基本事項を解説します。

赤間　世紀

金融工学入門

CONTENTS

はじめに ……………………………………………………………………… 3

第1章	序　論
[1.1]　金融工学 …………………… 7	[1.3]　応用分野 ………………… 15
[1.2]　歴　史 ……………………… 8	

第2章	金融取引
[2.1]　金　融 …………………… 21	[2.4]　金　利 …………………… 31
[2.2]　金融機関 ………………… 24	[2.5]　金融政策 ………………… 33
[2.3]　金融市場 ………………… 27	

第3章	デリバティブ
[3.1]　デリバティブ …………… 36	[3.3]　スワップ取引 …………… 42
[3.2]　オプション取引 ………… 39	[3.4]　先物取引 ………………… 46

第4章	単純市場モデル
[4.1]　基礎概念 ………………… 50	[4.3]　非さや取引原理 ………… 57
[4.2]　仮　定 …………………… 52	[4.4]　ワンステップ二項モデル…58

第5章	資　産
[5.1]　リスクなし資産 …………65	[5.2]　リスクあり資産 ………… 70

第6章	金融モデル
[6.1]　離散時間 市場モデル……82	[6.4]　連続時間 市場モデル……107
[6.2]　先物契約 ………………… 94	[6.5]　ブラック＝ショールズ方程式…117
[6.3]　オプション・モデル……100	

第7章	フィンテック
[7.1]　フィンテックの概要……127	[7.3]　資金調達 ………………… 140
[7.2]　資産運用 ………………… 131	[7.4]　仮想通貨 ………………… 153

第8章	まとめ
[8.1]　現在の状況……………… 158	[8.2]　今後の可能性 …………… 164

参考文献 …………………………………………………………………… 169

索引 ………………………………………………………………………… 173

●各製品名は、一般的に各社の登録商標または商標ですが、®およびTMは省略しています。

第1章

序　論

第 1 章では、「金融工学」を概観します。
「金融工学」が現在なぜ必要で注目されているか理解しなければいけません。
ここでは、「金融工学」の「概要」「歴史」「応用分野」などを紹介します。

1.1　金融工学

　現在、「金融」は、私たちの生活に不可欠なものになっています。
　日常的に金融機関を利用し、資産形成のためにさまざまな投資ができるようになっています。
　さらに、「フィンテック」(Fintech) という、「金融」と「IT 技術」の融合分野が急速に発展しています。

　「金融」の数学的基礎を利用して「金融」を「工学」的に研究する分野は, **「金融工学」**(financial engineering) と言われています。
　「金融工学」の歴史は 1950 年代に始まり、1980 年代には非常に注目されました。

第1章 序論

そして、現在、「フィンテック」の理論的基礎の1つとして「金融工学」の有用性が再認識されています。

したがって、「フィンテック」を充分理解するには、「金融工学」の知識が要求されます。

しかし、「金融工学」を学ぶには、数学や経済学などの幅広い前提知識が必要になります。

「金融工学」は、それ自体としても、学問的に興味深い分野です。

なぜなら、「金利」「ポートフォリオ」「先物」「オプション」などの金融的概念を数学的に厳密にモデル化できるからです。

また、「IT技術」の進歩によって、「金融工学」の成果を実現できるようになりました。

そして、そのような流れが、現在の「フィンテック」につながっている、と考えられます。

*

本書は、「金融工学」を効率的に学べることを目的としています。金融と関連する数学的概念を簡潔に記し、「金融工学」の基本事項を解説します。

1.2 　　歴　史

では、「金融工学」の歴史を簡単に紹介します。

〔1.2〕歴　史

　「金融工学」という用語が用いられるようになったのは、1980年代になってからです。しかし、その骨格となる理論の研究は1950年代にさかのぼります、

　また、類似した分野としては、「金融経済学」「数理ファイナンス」などがありますが、現在では、それらを包含して「金融工学」と言われています。

　「金融工学」の出発点は、1950年代にマーコビッチ (Harry Markowitz) によって提案された、いわゆる**「現代ポートフォリオ理論」**(modern portfolio theory: MPT) と考えられます。
　なお、この理論は、「経済学」や「経営学」でも詳細に研究されてきました。

　1952年に、マーコビッチは、証券の個別銘柄の「リターン」と「リスク」は、「リターン」の「平均値」や「分散」などの「統計量」によって説明でき、「ポートフォリオ」の銘柄を増やすほど「リスク」は軽減し、その程度は、銘柄間の「共分散」に依存する、と主張しました (Markowitz (1952) 参照)。

　言い換えると、投資家は与えられた「リターン」に対して「リスク」を最小にする効率的な「ポートフォリオ」をもちます。
　また、「リターン」「リスク」の選択によって効率的な「ポートフォリオ」から最適なものを選択します。

第1章 序論

そして、「リターン」の「平均値」「分散」などから効率的な「ポートフォリオ」を同定できることになります。

マーコビッチの理論は「平均＝分散理論」(mean-variance theory) とも呼ばれています。

なお、マーコビッチは「MPT」の研究で1990年にノーベル経済学賞を受賞しています。

図 1.1 Harry Markowitz (1927-)

1958年に、モジリアーニ (Franco Modigiliani) とミラー (Merton Miller) は、いわゆる「**MM 理論**」(MM theory) を提案しました (Modigiliani and Miller (1958) 参照)。

「MM 理論」の基礎は、完全な市場で企業が「資金調達」を行なうとき、資金調達方法を変えても企業価値は変化しない、というものです。

すなわち、完全な市場で企業および投資家がリスクなしの利子率で借入・貸出が可能であれば、企業価値は「資産」の将来的な「キャッシュフロー」によって決定されます。

〔1.2〕歴 史

これは、最適な「資本」は構成できない、ことを意味します。

なお、モジリアーニは 1985 年に、ミラーは 1990 年にノーベル経済学賞を受賞しています。

図 1.2　Franco Modigiliani(1918-2003)

第1章 序論

図 1.3 Merton Milller (1923-2000)

1966 年に、シャープ (William F. Sharp) は、MPT をベースに投資の効率性の指標である「シャープ・レシオ」(Sharp ratio) を提案しました (Sharp (1966) 参照)。

「シャープ・レシオ」は、その値が高いほど、リスク当たりの得られる「リターン」が大きく、投資効率が高いことを意味します。

シャープの理論は「**CAMP**」(Capital Asset Pricing Model: 資本資産価格モデル) と言われています。

なお、シャープは 1990 年にノーベル経済学賞を受賞しています。

〔1.2〕歴 史

図 1.4　William F. Sharp (1934-)

　1973 年、ブラック (Fisher Black) やショールズ (Myron Scholes) は「オプション価格」を決定する「ブラック＝ショールズ方程式」を提案しました。「ブラック＝ショールズ方程式」は、「金融工学」の分野のもっとも重要な成果とされています。

　なお、ショールズは 1997 年にノーベル経済学賞を受賞しています。なお、ブラックは 1995 年に死去しています。

図 1.5　Fisher Black (1938-1995)

第1章 序論

図 1.6 Myron Scholes (1941-)

現在、「CAMP」「モジリアニ＝ミラー理論」「ブラック＝ショールズ方程式」は、「金融工学」の古典的基礎で「三大理論」とも言われています。

1970年代以降、コンピュータを「金融工学」に利用する動きが広まりました。しかし、その当時のコンピュータの性能では画期的な成果は生まれませんでした。

また、1980年代後半に東西冷戦が終了すると、多くの物理学者や応用数学者が「金融工学」の研究に従事するようになり、その発展に貢献しました。

1990-2000年代には、「金融工学」を利用した多くのシステムが開発されました。これらは、現在では、パソコンでも利用できるよ

〔1.3〕応用分野

うになっています。

　実際、証券会社などの投資システムにも「金融工学」の手法が利用されています。

　そのころには、「金融工学」は学問分野として認知されるようになりましたが、依然としてその応用性を疑問視する意見も多くありました。

　2015 年頃以降は、「フィンテック」が普及し、その理論的基礎の1つとして「金融工学」の重要性が再認識されています。

　今後、「人工知能」「ビッグデータ」などの他の分野との関連を深めることで「金融工学」のさらなる発展が期待されています。

1.3　応用分野

　「金融工学」は、「金融」を工学的に研究するという目的から、「金融」のさまざまな分野に応用されています。

　その主な応用分野には、次のようなものがあります。

- デリバティブ

- 投資戦略

- 企業価値の評価

- プライシング

15

第1章 序論

- リアル・オプション

- 金融機関の「リスク・マネジメント」

- フィンテック

これらの応用分野のほとんどは、「金融」の実際的な側面を扱います。

そして、「金融工学」によって、これらの新しい可能性が開拓されようとしています。

「デリバティブ」(derivatives: 金融派生商品) は、「株式」「債券」「為替」などの既存の「金融商品」から派生した商品です。

デリバティブ取引には、「先物取引」「スワップ取引」「オプション取引」があります。

そして、「金融工学」の手法は、さまざまなタイプの「デリバティブ」の開発や評価などに応用されています。

「投資」(investment) は、「金融商品」を運用して利益を上げることですが、売買における意思決定をいかに行なうか、すなわち、「投資戦略」が重要になります。

したがって、投資家にとって「金融工学」の基本知識は有用と考えられます。

「企業価値の評価」(evaluation of enterprise value) は、さまざまな要因を考慮して企業がどれくらいの価値をもっているかを算定することです。

〔1.3〕応用分野

投資家や企業買収を考える企業にとって重要な要因になります。

「プライシング」(pricing: 価格設定) は、製品やサービスの価格を決めることです。適切な「プライシング」は、企業の利益獲得の基本になります。

基本的な「プライシング」は、製品の製造コストに利益を加えるものですが、他の方法もあります。「金融商品」の「プライシング」は容易でなく、「金融工学」を利用する必要があります。

「リアル・オプション」(real option) は、「プロジェクト」や「不動産」の「投資価値」を評価することです。
これは、「金融工学」における「オプション」の概念を一般化したものになります。

「リスク管理」(risk management: リスク・マネジメント) は、銀行などの個々の金融取引の「リスク」および金融機関全体のリスクを適切に管理することです。予測可能な「リスク」は、「金融工学」で扱うことができます。

「フィンテック」(FinTech) は、「金融」と「IT」を融合する技術の総称で、最近、注目されています。
そして、「フィンテック」には、「金融工学」の手法が多様に応用されています。

17

第1章 序 論

　「金融工学」は、「金融」と「工学」を融合した分野なので、以下
のような分野と関連します。

　実際、これらの分野の知識は、「金融工学」を学ぶ上で役に立ち
ます。

- 経済学
- ファイナンス理論
- 統計学
- コンピュータ・サイエンス

　「経済学」(economics) は、さまざまな「経済現象」、すなわち、
「貨幣」および「サービス」の、「生産」「消費」「交換」を研究する
分野です。

　「経済学」は、経済全体を扱う「マクロ経済学」(macroeconomics)
と、個々の経済単位を扱う「ミクロ経済学」(microeconomics) から
構成されます。

　また、数学的手法をベースにした「経済学」は、「計量経済学」「数
理経済学」と言います。

　「ファイナンス理論」(finance theory: 金融論、金融理論) は、「経
済学」の一分野で、「投資」および「金融」の問題を扱う分野です。

　なお、「ファイナンス理論」は、「投資理論」「企業金融理論」から
構成されます。

〔1.3〕応用分野

「投資理論」(investment theory) は、さまざまな「投資」の「リターン」「リスク」などを扱います。また、「企業金融論」(corporate finance) は、企業の「資金調達」などを扱います。

「統計学」(statistics) は、現象についての多量のデータからその性質を解明する分野です。なお、「統計学」の数学的基礎は「確率論」(probability theory) です。

「確率論」にはいくつかの理論があり、それらをベースにした対応する「統計学」が研究されています。

「金融工学」でも、「市場モデル」ではいくつかの異なる「確率」の概念が用いられています。

また、「金融工学」においても重要な「データ分析」には、「統計学」の様々な手法が用いられており、近年、「統計計算システム」も利用できるようになっています。

「コンピュータ・サイエンス」(computer science) は、「情報」「計算」の理論と応用を研究する分野です。

なお、「人工知能」も「コンピュータ・サイエンス」の一分野」です。

実際、「金融工学」の多くの問題には、「コンピュータ・サイエンス」のさまざまな分野が関連しています。たとえば、「アルゴリズム」「プログラミング」「情報システム」などです。

第1章 序論

　「アルゴリズム」は効率的な計算に重要であり、「プログラミング」「情報システム」は「金融システム」の「実装」に重要になります。

　また、データ処理は、「データベース」「ビッグ・データ」などが関連します。

＊

　上記で説明したように、「金融工学」は学際的分野で、理解するには幅広い知識が必要になります。

　「金融工学」を学ぶ前にこれらについて学習することは有益になりますが、それらを完全にマスターするにはかなり時間がかかると思われます。

　なお、本書では、関連分野の必要事項については、適宜説明します。

Memo

第2章
金融取引

第2章では、「金融取引」の概要を説明します。
当然ながら、「金融工学」を学ぶ上で必要な「金融取引」の基本事項を理解する必要があります。
ここでは、「金融」「金融機関」「金融市場」「金利」「金融政策」を紹介します。

2.1　金　融

　「金融工学」の対象は「金融」なので、以下ではその基本事項を説明します。

　「金融」(finance: ファイナンス) は、金銭の融通、すなわち、貸し借りのことです。
　なお、広い意味では、お金の『流れ』を意味します。

　『金銭の融通』とは、お金の余っているところから、お金の足りないところへお金を一時的に貸すことです。

第2章　金融取引

　したがって、お金の貸し借りが発生します。

　古代社会では、「貨幣」はなかったので、「物々交換」が行なわれていました。
　「物々交換」は、「ある物」を「同等の価値のあると見なされる物」とを交換するものです。
　しかし、「物々交換」は対象が限られ、また、対応関係を見極めるのも容易ではなく不便でした。
　そのような不便を解決するために、お金を証明する「貨幣」が発行されるようになりました。

　その結果、「お金」は「物」の「買い手」と「売り手」を仲介し、さまざまな交換取引を可能にしました。
　また、「お金」によって、『場所』に依存しない交換取引も可能になりました。
　すなわち、「売り手」と「買い手」が離れていても、「お金」を用いることで、「交換取引」ができます。

　さらに、「お金」は『時間』に依存しない交換取引を可能にしました。
　すなわち、現在では、「お金」を用いなくても、「クレジットカード」などを利用して、後で「お金」を支払う、という取引ができます。

〔2.1〕金 融

「経済」(economy: エコノミー) は、生活に必要な「物」や「サービス」の「生産」「流通」「交換」「分配」「消費」を行なう『活動』、または、その『仕組み』を意味します。

『仕組み』としての「経済」は、次の 3 つから構成されます。

- 企業
- 家計
- 公共機関

「企業」は、「製品」や「サービス」を生産し、提供します。

「家計」(家庭) は、「製品」や「サービス」を「消費」しますが、それらの「購入」のために、「企業」に「お金」を支払います。

また、「国」や「地方公共団体」は、「家計」からの「税金」で「公共サービス」や「公共投資」を行ないます。
すなわち、「経済活動」は、「お金」で円滑に行なわれます。

「お金」の「流れ」は、「経済活動」の「状態」、すなわち、「景気」の「指針」になります。「お金」の「流れ」が「活発な状態」は「好景気を意味」し、「不活発な状態」は「不景気」を意味します。

「不景気」になると、「需要」が少なくなり、「製品」は売れなくなります。

したがって、「国」は「減税」をしたり、「公共投資」を増やして、「需要」を増やすことで、「景気回復」を目指します。

23

第2章　金融取引

2.2　金融機関

「金融機関」(financial institute) は、「資金」の需要者と供給者を仲介し、両者の取引を円滑に行ない、「資金」を世の中で循環させる組織のことです。

日本の「金融機関」は、次の 3 種類に分類されます。

- 日本銀行
- 政府系金融機関
- 民間金融機関

「日本銀行」(日銀) は、1882 年 (明治 15 年) に創設された「中央銀行」です。世界の各国には、それぞれ、「中央銀行」があります。「日本銀行」の機能は、次の通りです。

まず、日本銀行券 (貨幣) を発行します。すなわち、「発券銀行」としての機能です。

そして、政府の「預金」を預かって、「国債」「国庫金」「外国為替」を管理します。すなわち、「政府の銀行」としての機能です。

さらに、「民間銀行」からの「預金」を預かって、預金・貸付、債券および手形の売買を行ないます。すなわち、「銀行の銀行」としての機能です。

以上の 3 つの機能から、「日本銀行」は、日本の経済の動きを左右する「金融機関」と考えられます。たとえば、景気の動向によって、貨幣の発行数を調整します。

24

〔2.2〕金融機関

「政府系金融機関」は、特別な法律で設立される全額政府出資の「金融機関」です。「政府系金融機関」は、ある意味で、「民間金融機関」の機能を補完する役割を担っています。

「民間金融機関」は、民間によって設立される金融機関です。「民間金融機関」には、「**間接金融**」(indirect finance) によるものと「**直接金融**」(direct finance) によるものがあります。

「間接金融」は、資金の貸し手と借り手の間に銀行などの間接的な取引を行なう「金融機関」がある「金融」です。

「直接金融」は、資金の貸し手と借り手の直接な取引による金融で、証券会社などの「金融機関」が相当します。「直接金融」では、「金融機関」は両者の仲介のみを行ないます。

「金融機関」の役割としては、まず、「金融仲介」があります。すなわち、借り手と貸し手のニーズを調整することになります。

「金融機関」は、「信用創造」も行ないます。「信用創造」とは、預金と貸し出しの繰り返しによって「金融機関」の預金残高が増えることです。

「金融機関」は、「決済」を行ないます。すなわち、預金口座で送金や支払いができる機能を提供します。

「民間金融機関」には、次のようなものがあります。

- 銀行

- 信用金庫

- 信用組合

25

第2章 金融取引

- 証券会社

- 保険会社

- ノンバンク

　「銀行」は、「預貯金」および「資金」の貸し出しなどを行なう「金融機関」です。なお、日本の「銀行」は、「都市銀行」「地方銀行」「信託銀行」「長期信用銀行」「インターネット銀行」などに分類されます。

　「都市銀行」は、東京や大阪に本店をおく全国規模の銀行で、現在では「三菱UFJ銀行」「みずほ銀行」「三井住友銀行」「りそな銀行」に集約されています。

　「地方銀行」は、各地方都市に本店をおく地方中心の銀行で、「横浜銀行」「千葉銀行」「福岡銀行」などがあります。また、1989年以降、「相互銀行」から「普通銀行」に移行した「銀行」は、「第二地方銀行」と言います。

　「信託銀行」は、各種の資産の管理を代行する信託業務を行なう銀行で、「三菱UFJ信託銀行」「みずほ信託銀行」「中央三井信託銀行」などがあります。

　「長期信用銀行」は、大企業向けの長期融資などを行なう銀行で、「あおぞら銀行」があります。なお、既存の「長期信用銀行」は「都市銀行」などに吸収されています。

　「信用金庫」は、中小企業や地方住民のための非営利の金融機関で、「京都中央信用金庫」「城南信用金庫」「岡崎信用金庫」などがあ

〔2.3〕金融市場

ります。

「信用組合」は、組合員の出資による共同組織法人の非営利の金融機関で、正式名称は「信用協同組合」です。「信用組合」は、各地域で店舗を展開して業務を行なっています。

「証券会社」は、株式の発行および株式取引の仲介を行なう「金融機関」です。「証券会社」の業務には、「委託売買」「自己売買」「引き受け」「募集・売り出し」などがあります。

「保険会社」は、「生命保険」「損害保険」などの保険を扱う「金融機関」です。「生命保険」は人が死亡したときなどに保険金を支払うもので、「損害保険」は事故や災害などで生じた損害を保証するものです。

「ノンバンク」は、主に個人向けの融資のみを行なう「金融機関」で銀行ではありません。「ノンバンク」は「銀行」と異なり、免許制ではなく登録制です。なお、「ノンバンク」には、「リース会社」「クレジット会社」「消費者金融会社」などがあります。

2.3 金融市場

「金融市場」(financial market: 市場) は、「金融機関」や「投資家」などが参加してお金の貸し借りを行なう市場です。現在では、実

第2章　金融取引

際の場所がなくても電話やインターネット回線で「金融市場」は構築されています。

　「金融市場」には、取引期間の長さによって、「短期金融市場」と「長期信用市場」があります。

　「**短期金融市場**」(money market: マネー・マーケット) は、1年以内の短期の資金のやりとりを行なう市場です。

　「**長期金融市場**」(capital market: キャピタル・マーケット) は、1年を超えるの資金のやりとりを行なう市場です。なお、「長期金融市場」は、「資本市場」とも言います。

【短期金融市場】

　「短期金融市場」は、「金融機関」だけが参加できる「インターバンク市場」と一般事業者なども参加できる「オープン市場」があります。

　「**インターバンク市場**」(interbank market) は、「金融機関」が相互の資金の調達および運用を行なう市場です。その参加者は「金融機関」に限定され、資金の出し手と取り手の仲介は投資会社が仲介します。

　なお、「インターバンク市場」には、「コール市場」「手形売買市場」「東京ドル・コール市場」があります。

〔2.3〕金融市場

> 「コール市場」(call market) は、銀行などの金融機関同士が短期の資金のやり取りを行なう「インターバンク市場」です。
>
> 「手形売買市場」(trade notes market) は、「商業手形」や「銀行引き受け手形」などの取引を行なう「インターバンク市場」で、「手形市場」とも言います。
>
> 「東京ドル・コール市場」(Tokyo dollar call market) は、外国為替公認銀行間で短期の外貨資金の取引行なう「インターバンク市場」です。

「オープン市場」(open market) は、一般事業者が自由に参加できる市場で、「金融機関」「証券会社」「事業法人」「公的機関」「外国企業」などが参加します。

なお、「オープン市場」には「CD (譲渡性預金証書)」「CP (コマーシャルペーパー)」「TB (割引短期国債)」「FB (政府短期証券)」「債券現先」「債券レポ」などの市場があります。

> 「**CD**」(Certificate of Deposit) は、「発行金額」「期間」「金利」「保有者」に制限がない、譲渡可能な定期預金証書です。
>
> 「**CP**」(Commercial Paper) は、企業が短期資金の

第2章　金融取引

達のために「オープン市場」で割引形式で発行する無
担保の約束手形です。

「**FB**」(Financing Bills) は、国庫金などの一時的不
足を補うために発行される短期の「国債」です。なお、
「FB」は 2009 年に発行が終了しています。

【長期金融市場】

　「長期金融市場」には、「株式市場」と「公社債市場」(債券市場)
があります。なお、「長期金融市場」は「資本市場」と言うこともあ
ります。

「**株式市場**」(stock market) は、企業が発行する「株
式」を取引する市場です。一般には、投資家から取引
を委託された証券会社が株式の売買を行ないます。

「**公社債市場**」(public bond market) は、「国債」(gov-
ernment bond) や「社債」(corporate bond) などの「債
券」(bond) を取引きする市場です。

なお、「**公社債**」(public and corporate bonds) は、国
や地方公共団体が発行する債券である「公共債」(public
bond) と企業が発行する債券である「社債」の総称です。

＊

〔2.4〕金　利

　「短期金融市場」の代表的な「金利」(短期金利) は「無担保コール翌日物」で、「長期金融市場」の代表的な「金利」(長期金利) は「新発 10 年付国債」の「利回り」です。

　なお、「短期金利」は日本銀行の金融政策の影響を強く受けます。

2.4　　　　金　利

　「金利」(interest) は、資金の使用料 (賃借料) で、「利子」と同義です。「金融市場」では、「金利」と言います。

　「金利」は、元本である「資金」の使用料の金額自体、または、使用料として支払われる金額の元本に対する比率のことです。

　一般には、「金利」は、後者の意味で言います。

　借りたお金には、一定の「利子」がつきますが、この「利子」を「元本」で割ったもの、すなわち、「比率」が「金利」です。

　たとえば、100 万円を貸して、1 年後に元利合計が 101 万円になったとすると、利子は 1 万円になり、**「金利」**は「利子/元本 = 1/100 = 0.01」になります。

　「金利」を 1 年当たりの割合にしたものは、**「年利」**(annual percentage yield) と言います。貸出期間が 1 年未満の場合には、1 年分の「利子」に換算して計算します。

31

第2章　金融取引

　たとえば、期間が 4 ヶ月であれば 3 倍 (12/4=3) します。した
がって、「年利 = 利子÷元本×365÷借入日数」になります。

　なお、日本では「年利」を計算する場合、1 年を 365 日とします。

＊

　「金利」には、「規制金利」(regulated interest) と「自由金利」
(unregulated interest) があります。

　「規制金利」は、「日本銀行」などの当局によって決定される規制
された「金利」です。

　「日本銀行」が一般銀行にお金を貸すときの「金利」である「公
定歩合」(offcial discount rate) も「規制金利」の 1 つです。

　「自由金利」は、金融市場における資金の重要と供給の関係で決
定される「金利」です。

　1994 年の金融の自由化以降、「自由金利」を中心に「金利」は決
定されるようになっています。

　「自由金利」はお金の借り手が貸し手より増えると上がり、貸し
手が借り手より増えると下がります。

　また、「金利」が上がると預貯金が増え、下がると購買などの消費
が増えます。

　「金利」と「景気」は、密接に関連しています。

　商品の購入が増えると「景気上昇」になり、企業はお金を借り

〔2.5〕金融政策

るようになり「金利上昇」になります。

　企業は、事業拡大のための設備投資などにお金が必要になり、お金を借ります。

　逆に、預貯金は金融商品の購入が増えると、商品の売れなくなり「景気後退」になり「金利下降」になります。

　企業は事業を縮小したりするので、お金を借りなくなります。

　「金利」と「景気」は、一般に、上記のようなサイクルで進みます。したがって、「景気」のために「金利」のコントロールが必要になります。

2.5 　金融政策

　「金融政策」(monetary policy, financial policy) は、「市場」のお金の量を調整する「中央銀行」の政策です。「市場」に供給される「通貨供給量」(money stock) は過剰になると「インフレ」になり、不足すると「デフレ」になります。

　「インフレ」(inflation) は「インフレーション」の略で、物価の上昇と通貨価値の下落が継続的に続く状態です。

　「デフレ」(deflation) は「デフレーション」の略で、物価の下落と通貨価値の上昇が継続的に続く状態です。

33

第2章　金融取引

　　これら 2 つの現象は経済に悪影響を与えるので、「日本銀行」がさまざまな調整をします。「日本銀行」は、利子率を変えることで「通貨供給量」を調整します。

　　景気が悪くなると物価は下がり、「デフレ」になります。

　　このようなときには、「通貨供給量」を増やし経済を刺激する必要がありますが、この「金融政策」を「**金融緩和**」(monetary relaxation) と言います。

　　景気が良くなると物価は上がり、「インフレ」になります。

　　このようなときには、「通貨供給量」を減らして経済を抑制する必要があります。この「金融政策」を、「**金融引き締め**」(monetary tightening) と言います。

＊

　　「金融政策」には、いくつかの目的があります。

　　まず、物価と雇用を安定させることです。これによって、我々は安心して生活できます。また、経済成長を維持させることもあります。

　　さらに、「国際収支」や「為替レート」を安定させることもあります。これらは国家の国際的な信用を保証するものです。

　　日本では「日本銀行」が「金融政策」を決定して実施しますが、こ

〔2.5〕金融政策

れは「物価の安定」と「金融調整」から構成されます。実際、これら2つがうまくいかないと景気は安定しません。

2013年1月には、「物価安定」の目標として「消費者物価」の「前年比上昇率」を「2%」と定め、これをできるだけ早期に実現することを約束しています。しかし、現状では、この約束は守られているとは言えません。

また、「金融調整」は、「日本銀行」が「市場」の操作などで「短期金融市場」の資金量を調整することです。

なお、「市場操作」は主に「**オペレーション**」(operation) という売買取引で行なわれます。

*

以上のように、「政府」および「中央銀行」（日本の場合「日本銀行」）は、景気の動向に応じて適切な「金融政策」を行ないます。

しかし、「金融政策」がうまくいかないと、慢性的な「インフレ」または「デフレ」になります。

実際、日本の景気は長年にわたって「デフレ傾向」にあります。

35

第3章
デリバティブ

第3章では、「デリバティブ」の概要を説明します。
現在、「デリバティブ」というさまざまなまな金融商品があります。
ここでは。「デリバティブ」「オプション取引」「スワップ取引」「先物取引」を紹介します。

3.1　デリバティブ

　「デリバティブ」(derivative: 派生商品) は、「株式」「債券」「為替」などの既存の「金融商品」から派生した取引を行なう、「金融商品」です。

＊

　「デリバティブ」を理解するには、「株式」「債券」「為替」を理解する必要があるので、ここで、簡潔にこれら3つについて説明します。

　「株式」(stock: 株) は、「株式会社」が出資した「株主」の権利の総称を表わしたもので、「株式会社」は「株式」で事業資金を調達

〔3.1〕デリバティブ

します。

　以前は「株式」は「株券」として発行されていましたが、現在では電子化されています。「株式」の価格である「株価」(stock price)は発行元の「株式会社」の事業の業績で変動します。

　よって、投資家は「株式」を売買することによって、「株価」の差額を「利益」(または「損失」) として得ることができます。このような「株式」を売買するのが「株式投資」です。

　「債券」(bond) は、国や企業が発行する借用書で、満期期限と額面期限が記載されています。投資家は、通常、額面より安い価格で「債券」を購入します。そして、満期を迎えたときに額面に記載されいる金額を受け取ります。

　よって、投資家は「債券」を購入することによって購入価格と償還時の額面金額の差額を「利益」として得ることができます。このような「債券」を購入するのが「債券投資」です。

　「為替」(exchange: 外国為替) は、異なる 2 つの「通貨」を交換するものです。

　2 つの「通貨」の交換比率である「為替レート」(exchange rate)は、世界情勢や災害などのさまざまな要因で日々変動する可能性があります。

　よって、投資家は「為替」を売買することによって、「為替レート」の差を「利益」(または「損失」) として得ることができます。このような「為替」を売買をするのが「為替投資」です。

37

第3章　デリバティブ

　なお、現在では、後述する「FX」が「為替」と同義で使われる場合が多いようです[1]。

＊

　さて、「デリバティブ」既存の「金融商品」から派生したものですが、次のようなものがあります。

- オプション取引

- スワップ取引

- 先物取引

　「デリバティブ」には、次のような特徴があります。

＊

　まず、「デリバティブ」は予約取引です。すなわち、将来のある時点で商品を売買します。

　また、「デリバティブ」は少ない「資金」で取引ができ、決済は差額部分になります。

　これは「レバレッジ」(leverage: てこ) と言います。そのため、「デリバティブ」は、少ない「資金」で多額の「利益」（または「損失」）を生む可能性があります。

　そして、「デリバティブ」は将来の価格変動を回避する取引です。

---

　[1] なお、「為替」という送金手段もありますが、ここで述べている「為替」と区別しなければいけません。

クヘッジ」(risk hedge: リスク回避) または「ヘッジ」と言います。

＊

「デリバティブ」は、取引形態で市場で取引される「**市場デリバ ティブ**」(market derivative) と市場以外の店頭で取引される「**店頭デ リバティブ店頭デリバティブ**」(OTC (Over-the-counter) derivative) に分類されます。

次節以降、上記で紹介した「オプション取引」「スワップ取引」「先物取引」の詳細を解説します。

3.2 オプション取引

「**オプション取引**」(option trading: オプション) は、決められた将来の特定の期間に特定の価格で売買を行なう権利 (オプション) を売買する取引です。

「オプション取引」には、「株式」「為替」「金利」などの「金融商品」を扱う「金融オプション取引」と「石油」「貴金属」「穀物」などの商品を扱う「商品オプション取引」があります。

「オプション取引」の権利には、「買う権利」と「売る権利」があります。「買う権利」は「コール」(call) と言い、「売る権利」は「プット」(put) と言います。

39

第3章　デリバティブ

「プレミア」(premier: オプション料) を払い権利を得る人をオプションの「買い手」、「プレミア」を貰い権利を与えられる人をオプションの「売り手」と言います。

「オプション」の「買い手」は、該当商品の約束した値段での売買を自分の都合のよい期間に行なえます。しかし、取引の義務はありません。

一方、「オプション」の「売り手」は、「買い手」が要求したときのみに取引の義務があります。そして、「オプション」の「売り手」には、取引の権利はありません。

*

「オプション取引」の権利行使期間には、「ヨーロピアン・タイプ」と「アメリカン・タイプ」があります。

「ヨーロピアン・タイプ」(European type) は、権利行使日のみに権利行使ができます。

「アメリカン・タイプ」(American type) は、権利行使期間中のいつでも権利行使ができます。

「オプション」の「買い手」は、「オプション料」を払えば無限の「利益」を得る可能性があり、それ以上の「損失」を被ることはありません。

〔3.2〕オプション取引

　「オプション」の「売り手」は、「オプション料」を受け取れますが、無限の「リスク」を負います。

　たとえば、「買い手」が「1ヶ月後に「1ドル」を「110円」で買う権利」を得たとします。

　そうすると、1ヶ月後に「1ドル」が「120円」になっても、買い手は「110円」で1ドルを買えます。

　1ヶ月後に1ドルが100円になった場合、買い手は権利を放棄することもできます。その場合、「買い手の損失」はオプション取得時の投資金額のみになり、「リスク」は最小限になります。

＊

　「オプション取引」は、価格変動のリスクを限定し、「利益」を得ることができます。

　そして、「コール」「プット」「商品」の組み合わせで、さまざまな戦略が可能になります。

　しかし、取引が失敗したときには「損失」は「初期投資」のみになりますが、「初期投資」が大きければ「損失」も大きくなります。

　また、取引は「成功」するか「失敗」するかであり、さらに取引には「手数料」もかかるので、継続的に利益を得るのは必ずしも容易ではありません。

　「(ヨーロピアン・タイプの) オプション取引」のオプション価格の計算モデルは、「ブラック」と「ショールズ」によって提案された

41

第3章 デリバティブ

「ブラック＝ショールズ・モデル」です。

なお、「ブラック＝ショールズ・モデル」については、**第4章**で説明します。

3.3 スワップ取引

「スワップ取引」(swap trading) は、「将来の資金」の「支払い」や「受け取り」を交換する取引、すなわち、「キャッシュ・フロー」を交換する取引です。

「スワップ取引」には、「金利スワップ」と「通貨スワップ」があります。

「金利スワップ」(interest rate swap) は、「同一通貨間」で「異なる金利」同士 (たとえば、「固定金利」と「変動金利」) を交換します。

この取引では、「元本の交換」をせず、「金利計算」のために、「名目上の想定元本」を決めます。

一般に、「金利スワップ」は「金利の上昇リスク」や「下降リスク」の「ヘッジ」として利用されます。

たとえば、現在は「変動金利」で借り入れしている企業が、将来の「金利上昇リスク」を「ヘッジ」するために、「スワップ」の相手と「変動金利の受け取り」と「固定金利の支払い」、という「金利スワップ」で契約します。

〔3.3〕スワップ取引

　そうすれば、この企業の今後支払う金利は「固定」になるので、「金利上昇」による「借入コストの上昇リスク」を「ヘッジ」できます。

　たとえば、A 社が銀行から 1 億円を期間 3 年の「変動金利」で借りているとします。しかし、A 社には「金利変動のリスク」があります。

　A 社はそのような「リスク」を回避するため、B 社との間で、A 社が B 社に対して 「1 億円」について「固定金利 2 ％」 の利息を銀行からの返済期間である 「3 年間」支払い、 B 社が A 社に対して 「1 億円」について「変動金利」を同様に 「3 年間」支払う、という「金利スワップ」の契約を結びます。

　そうすると、「A 社が銀行に支払う金利」と 「B 社が A 社に支払う金利」は、「変動金利」で同じになります。

　よって、A 社は B 社に対する「固定金利 2%」 を支払い続ければよいことになります。

　なお、B 社は「変動金利」が契約された 「2%」 を下回っていれば利益を得られます。しかし、「変動金利」が 「2 ％」 を上回れば余分の金利分を支払う必要があり、「損失」が出ます。

＊

　「**通貨スワップ**」(cross currency swap) は、「異なる金利」の部分のみの交換ではなく、「元本」も交換する取引で、「円とドル」など異なる通貨の「元本」や「利息」の「支払い」と「受け取り」を

43

第3章　デリバティブ

交換します。

　なお、元本の交換をせず、金利部分のみを交換する「通貨スワップ」は「**クーポン・スワップ**」(coupon swap) と言います。

　「通貨スワップ」は、主に外貨の資金調達などに利用されます。

　たとえば、現在、「1 ドルが 100 円」とします。

　日本の A 社が 5 年間毎年 10 万ドルでアメリカの B 社から原材料を購入する、とします。

　しかし、A 社は円安による「為替変動」の「リスク」を回避する必要があります。

　そこで、B 社との間で A 社は 5 年間毎年 B 社に 1,000 万円を支払い、B 社が 10 万ドルを支払う、という「通貨スワップ」の契約を結びます。

　そうすると、A 社は「為替変動」の「リスク」を回避でき、毎年 1,000 万円で原材料を購入できます。

＊

　「スワップ取引」は、「金利スワップ」の場合は金利の上昇または下降リスクをヘッジでき、「通貨スワップ」の場合は為替レートの変動リスクをヘッジできます。

　したがって、「金利スワップ」では固定金利で、「通貨スワップ」では特定通貨の為替レートで資金を調達できます。

〔3.3〕 スワップ取引

　また、「スワップ取引」では、「金利」や「為替レート」をうまく利用すれば、少ない投資で大きな取引ができます。

　一般には、資金調達のコストを軽減できます。

　この特徴は、「レバレッジ効果」(leverage effect) と言います。

　さらに、「スワップ取引」は、「オフバランス取引」(off balance sheet transaction) になります。

　すなわち、取引そのものは債務の一覧表である「賃貸対照表」(バランスシート) に計上されないので、「資産」の効率化などができます。

　そして、「為替」や「金利」の動向を考慮し、適当な取引を繰り返せば、「利益」が得られます。

　よって、「スワップ取引」そのものが投資対象として用いられます。

＊

　しかし、他方問題もあります。「金利スワップ」の場合、一般に、「金利」の設定、「ノックイン」(knock-in: 権利行使の停止条件)、「ノックアウト」(knock-out: 権利行使の解除条件)、開始時期の設定などが複雑に設定されます。

　したがって、「リスクヘッジ」の予測は容易ではなく、損害が出る可能性もあります。

　すなわち、「金利スワップ」は「市場取引」ではなく「相対取引」なので、「商品の売り手」が「スワップ」の相手になる場合が多く、最終的に「売り手」が「利益」を得るような商品になっている場合

第3章　デリバティブ

が多いと言えます。

　「通貨スワップ」の場合、「スワップする通貨」の選択の問題があ
ります。

　一般的には、「円」と「ドル」が用いられます。

　しかし、「為替レート」は世界情勢や災害などの予期せぬ要因に左
右されます。

　よって、長期間の「通貨スワップ」の契約を行なった場合、必ず
しもヘッジできるとは限りません。

3.4　先物取引

「先物取引」(futures) は、「将来の一定期日に特定商品をある価格
で売買すること」を「現時点」で約束する取引です。

　すなわち、「先物取引」は「予約取引」です。

＊

　「先物取引」には、次のようなものがあります。

- 商品 先物取引
- 債券 先物取引
- 株価指数 先物取引

　「商品 先物取引」(commodity futures trading) は、「商品」を扱
う「先物取引」です。

46

〔3.4〕先物取引

　対象となる商品は、「金属」(「貴金属」および「非鉄金属」)、「農作物」「(大豆」、「トウモロコシ」など)、「資源」(「原油」、「石炭」など) になります。

　なお、「先物取引」と言う場合、一般に、「商品 先物取引」のことを言います。

　「債券 先物取引」(bond futures trading) は、「債券」を扱う「先物取引」です。

　実際の「債券」ではなく「標準物」という架空の「債券」が取引の対象になります。

　「株価指数 先物取引」(stock index futures trading) は、「株価の平均」を表わす「株価指数」を取引する、「先物取引」です。

　「株価指数　先物取引」としては、日本の「日経平均株価 (NIKKEI22」「日経平均株価 300」「日経 225 mini」や海外の「ナスダック」「ダウ工業平均」などがあります。

＊

　「先物取引」は、「リスクヘッジ」や「投資」「投機」のために利用されますが、次のような特徴があります。

　「先物取引」は、取引所取引です。すなわち、「対象商品」の「取引所」で取引が行なわれます。

　また、「商品が定型化」されています。

47

第3章　デリバティブ

　すなわち、「売買単位」や「受渡し期日」などの「取引条件」が「具体的」に決められています。

　なお、「定型化された商品」が「標準物」です。

　「先物取引」は、「証拠金制度」(margin system) を採用しています。すなわち、「取引所」に「証拠金」を収めるだけで売買ができます。

　また、「先物取引」は「差金決済」の取引です。

　したがって、「現物の受け渡し」を行なわず、「売買の差額」の授受で決済が行なわれます。

　この「**先物取引**」には、次のようなメリットがあります。

　まず、「少額」の「証拠金」(資金) で、「多額」の取引ができます。よって、効率的な取引と考えられます。

　「先物取引」では、「売り」からの取引ができます。

　「相場が下落する」と予想できる場合、「まず売って」、「下落時点で買い戻せ」ば「利益」を得ることができます。

　「株価指数 先物取引」では、銘柄を選択する必要がありません。よって、「個別銘柄」に投資する場合の「倒産」や「上場廃止」などのリスクを避けることができます。

*

48

〔3.4〕先物取引

　一方、「先物取引」のデメリットとしては、まず、「株」とは違い「元本」は保証されません。

　相場の予想が外れると、「投資資金」はゼロになり、さらに資金を投入する必要があります。

　また、「先物取引」には、ハイリスクがあります。すなわち、少額の「証拠金」で取引ができますが、相場の予想が外れると大きな損失が発生します。

＊

　以上のように、さまざまな「デリバティブ」が取引されています。

　そして、それぞれに特徴がありますが、一般の「金融取引」よりも複雑な仕組みになっています。

　したがって、「デリバティブ」の取引をモデル化するには、より数学的な洞察が必要になります。

　「先物取引」の数学モデルである「先物契約」については、第6章で説明します。

第4章

単純市場モデル

第4章では、「単純市場モデル」を説明します。
この「モデル」は、もっとも基本的な「金融モデル」
です。
ここでは、「基礎概念」「仮定」「性質」を紹介します。

4.1　　基礎概念

　「市場モデル」(market model) にはさまざまなものがありますが、
まず、もっとも基本的な「単純市場モデル」(simple market model)
を説明します。

＊

　ここでは、2つの「資産」が取引を行なっている、と仮定します。

　1つは「リスクなしセキュリティ」で、もう1つは「リスクあり
セキュリティ」です。

　なお、前者は「金融機関」などと解釈でき、後者は「株」などの
「金融商品」と解釈できます。

　ここで、「離散時間」の2つの「時点」のみを考えます。

〔4.1〕基礎概念

　すなわち、現在「$t = 0$」と将来のある時点「$t = 1$」（たとえば「1 年後」）とします。

　「リスクありセキュリティ」の立場は、投資家の保有する「株」のシェア数として記述されます。
　1 つのシェアの時点「t」における価格を「$S(t)$」とします。

　当然ながら、現価格「$S(0)$」はすべての投資家に知られていますが、将来価格「$S(1)$」は未知です。そして、「$S(1)$」は「下降する」か「上昇する」かのいずれかになります。

　また、「リターン」(return) は、次の式で表わされます。

$$K_S = \frac{S(1) - S(0)}{S(0)}$$

　当然ですが、「K_S」も現時点では未知です。

　「リスクなしセキュリティ」の立場は、会社の「資産」、たとえば、「社債」の総計で記述できます。

　時点「t」における 1 つの社債価格を「$A(t)$」とします。
　すべて投資家に「$A(0)$」は知られており、「$A(1)$」もある程度知ることができます。

51

第4章　単純市場モデル

「社債」の「リターン」は、次の式で書けます。

$$K_A = \frac{A(1) - A(0)}{A(0)}$$

「モデル」は、数学では、「抽象的構造」を意味します。

「金融工学」では、資産セキュリティの「市場」の「モデル」、すなわち、「市場モデル」は、出現する「数学的対象」の性質を記述するものです。

したがって、「市場モデル」は、多数の「仮定」によって形式化できます。

4.2　　　　仮　定

「市場」を数学的に「モデル化」するには、いくつかの「仮定」が必要になります。

以下では、「単純市場モデル」の「仮定」を説明します。

［仮定 1］ランダム性
将来株価「$S(1)$」は少なくとも異なる 2 値をとる「ランダム変数」(random variable: 確率変数) になります。

〔4.2〕仮 定

> また、「リスクなしセキュリティ」の将来価格「$A(1)$」
> は、既知です。

[仮定 2] 価格の正値性
すべての株価と社債価格は、正の値になります。

$$\text{「}t = 0, 1\text{」について「}A(t) > 0\text{」「}S(t) > 0\text{」}$$

時点「$t = 0, 1$」で「x」の「株」と「y」の「社債」を保持する投資家の総資産「$V(t)$」は、次のようになります。

$$V(t) = xS(t) + yA(t)$$

ここで、対「(x, y)」は「**ポートフォリオ**」(portfolio) と言い、「$V(t)$」は「ポートフォリオ」の「値」と言います。

時点「0」「1」の間の「資産価格」の変化は、「ポートフォリオ」を変化させます。

$$V(1) - V(0) = x(S(1) - S(0)) + y(A(1) - A(0)).$$

この「差」は、「正」、「ゼロ」、または「負」になりますが、これを、初期値の「$V(0)$」で割ったものが、「ポートフォリオ」のリターン「K_V」になります。

53

第4章　単純市場モデル

$$K_V = \frac{V(1) - V(0)}{V(0)}$$

なお、「$S(1)$」は「ランダム変数」なので、「$V(1)$」「K_S」「K_V」
も「ランダム値」になります。

「リスクなしセキュリティ」のリターン「K_A」も同様に定義でき
ますが、その「値」は「決定的」になります。

今、「$A(0) = 100$ 万円」「$A(1) = 110$ 万円」とします。そうする
と、「社債」の「リターン」は、

$$K_A = 0.10$$

すなわち、「10%」 になります。

「$S(0) = 50$ 万円」とし、ランダム変数「$S(1)$」が次の 2 つの値、

$$
\begin{aligned}
S(1) &= 52 \text{ 万円 (確率「} p \text{」)} \\
&= 48 \text{ 万円 (確率「} 1 - p \text{」)}
\end{aligned}
$$

をとるとします ($0 < p < 1$)。

〔4.2〕仮　定

　　そうすると、「株」の「リターン」は、

$$K_S = 0.04 \text{ (株価上昇の場合)}$$
$$= -0.04 \text{ (株価下降の場合)}$$

になります。

　　すなわち、「リターン」は、「4％」または「−4％」になります。

　　次の仮定は、数学的に有用なものです。

　　［仮定 3］　整除性、流動性、空売り
　　「**整除性**」(divisibility) は、「株」と「社債」の価格
は実数で表わされることを意味します。

　　「**流動性**」(liquidity) は、「社債」の価格は「市場」
に左右されることを意味します。

　　「**空売り**」(short selling) は、「金融商品」を所有せ
ず将来的な売買を契約することで、「金融モデル」では、
当然ながら、考慮されるべきものです。

　　「整除性」は、端数の「シェア株」または「社債」を保持できる、
ことを意味します。

　　「流動性」は、「社債」が「x」「y」に依存しないことは、他の「市
場」の性質に関連することを意味します。

第4章　単純市場モデル

「ポートフォリオ」が「正」ならば投資家は「長期的立場」(long position) にあると言い、そうでなければ「短期的立場」(short position) にあると言います。

なお、「空売り」は、「短期的立場」を実現する取引と解釈されます。

［仮定 4］支払い能力
「支払い能力」(solvency) は、投資家の「資産」は、常に「非負」（「0」または「正」)、すなわち、

$$V(t) \geq 0 \ (t = 0, 1)$$

を意味します。

なお、この仮定を満足する「ポートフォリオ」は、「許容的」(admissible) と言います。

現実世界では、可能な異なる価格は有限になります。
なぜなら、唯一の金額の「資産」が存在するからです。

［仮定 5］離散単一価格
「離散単一価格」は、「株価」の将来価格「$S(1)$」が多数の有限値のみをとる「ランダム変数」であることを

56

〔4.3〕非さや取引原理

意味します。

　これは「株価」の「将来価格」が「非決定的」、すなわち、「値の可能性」が「複数」あることを仮定しています。

4.3　非さや取引原理

　前節では、「単純市場モデル」の「基本的な仮定」を紹介しましたが、「市場」の「もっとも重要な仮定」は、"「市場」は、「初期投資なし」かつ「リスクなし」の「利益」を許さない"、ということです。

　このような「利益」は、いわゆる「さや取引」(arbitrage) で得ることができます。

　ここで、「さや取引」とは、異なる株式銘柄の株価の「差」(さや (鞘)) を利用した取引です。

＊

　なお、「金利」の差を利用した「さや取引」もできます。

　たとえば、「金利」が「低い」時期にお金を借り、「金利」が「高い」時期にお金を貸せば、「金利」の差が「利益」になります。

　したがって、「さや取引」には、少ない投資で多額の「利益」を得ることができる、、という特徴があります。

＊

　「単純市場モデル」では、「非さや取引原理」(No-Arbitrage Principle) が成り立ちます。

57

第4章　単純市場モデル

> 非さや取引原理
> 　「$V(1) > 0$」を満足する初期値「$V(0) = 0$」の非負の「確率」である許容的な「ポートフォリオ」は存在しません。

　「さや取引」とは、上記で述べたように、異なる 2 つの市場の価格差によって利益を得る取引です。

　「非さや取引原理」より、「許容的ポートフォリオ」の初期値が「0」「$V(0) = 0$」ならば、「$V(1)) = 0$」になる確率は「1」になります。

＊

　「非さや取引」を「金融モデル」で除外することは、現実に充分近く、もっとも重要な仮定と考えられます。

　よって、「非さや取引原理」に基づく議論は、「金融工学」の主要な手法になります。

4.4　ワンステップ二項モデル

　ここでは、株価「$S(1)$」が 2 個の値のみを取る「**ワンステップ二項モデル**」(one-step binomial model) を考えます。

　たとえば、「$S(0) = 100$」(単位: 万円) で「$S(1)$」を、

〔4.4〕ワンステップ二項モデル

$$
\begin{aligned}
S(1) &= 125 \ (\text{確率「} p \text{」}) \\
&= 105 \ (\text{確率「} 1-p \text{」})
\end{aligned}
$$

とします（「$0 < p < 1$」）。

　また、「社債価格」は、「$A(0) = 100$」「$A(1) = 110$」とします。

　そうすると、「株価」が上昇すればリターン「K_S」は「25％」になり、下落すれば「5％」になります。

　そうすると、リスクなしリターン「K_A」は、次のようになります。

$$
K_A = \frac{A(1) - A(0)}{A(0)} = \frac{110 - 100}{100} = 0.1
$$

すなわち、「10％」になります。

　一般に、「ワンステップ二項モデル」における「株」と「債券」の価格の選択は、「非さや取引原理」で制限されます。

　時点「1」における上昇価格を「S^u」とし、下落価格を「S^d」とすると、

$$
\begin{aligned}
S(1) &= S^u \ (\text{確率「} p \text{」}) \\
&= S^d \ (\text{確率「} 1-p \text{」})
\end{aligned}
$$

第4章　単純市場モデル

になります (「$S^d < S^u$」「$0 < p < 1$」)。

［命題 4.1］
もし「$S(0) = A(0)$」ならば「$S^d < A(1) < S^u$」になり、そうでなければ「さや取引」が行なわれているかもしれません。

「命題 4.1」 は、次のように証明されます。

「$S(0) = A(0) = 100$ 万円」とし、「$A(1) \leq S^d$」と仮定します。

この場合、時点「0」では、100 万円をリスクなしで借り、100 万円の 1 つの「シェア株」を売ります。

そうすると、「$x = 1$」「$y = -1$」のポートフォリオ「(x, y)」になり、その値は「$V(0) = 0$」になります。

時点「1」では、

$$V(1) = S^u - A(1) \text{ (「株価」が上昇の場合)}$$
$$= S^d - A(1) \text{ (「株価」が下落の場合)}$$

になります。

「$A(1) \leq S^d$」ならば、最初の値は「正」になり、2 番目の値は「非負」になります。しかし、これらは、「非さや取引原理」に反し

ます。

次に、「$A(1) \geq S^u$」と仮定します。この場合、時点「0」では、100万円で「シェア株」を空売りし、100万円をリスクなしで投資します。

そうすると、「$x = -1$」「$y = 1$」のポートフォリオ「(x, y)」の値は、「$V(0) = 0$」になります。時点「1」では、

$$
\begin{aligned}
V(1) \quad &= \quad -S^u + A(1) \ (\text{「株価」が上昇の場合}) \\
&= \quad -S^d + A(1) \ (\text{「株価」が下落の場合})
\end{aligned}
$$

になります。

「$A(1) \geq S^d$」ならば、2番目の値は「正」になり、最初の値は「非負」になります。

しかし、これらは、「非さや取引原理」に反します。

以上から、「**命題 4.1**」は証明されました。

「**命題 4.1**」は、「資産」は、「安いときに買い」「高いときに売る」、という「常識」を表わしています。

次に、「リスク」と「リターン」について考えます。

第4章 単純市場モデル

上記の例のように「$A(0) = 100$」「$A(1) = 110$」とします。

また、「$S(0) = 80$」および、

$$
\begin{aligned}
S(1) &= 100 \quad (\text{確率「0.8」}) \\
&= 60 \quad (\text{確率「0.2」})
\end{aligned}
$$

とします。

今、投資家が「10,000 万円」を「ポートフォリオ」に投資すると仮定し、「$x = 50$」の「シェア株」を買い、「$y = 60$」で「リスクなし投資」を確定します。

そうすると、

$$
\begin{aligned}
V(1) &= 11,600 \quad (\text{株価上昇の場合}) \\
&= 9,600 \quad (\text{株価下降の場合}) \\
K_V &= 0.16 \quad (\text{株価上昇の場合}) \\
&= -0.04 \quad (\text{株価下降の場合})
\end{aligned}
$$

になります。

そして、期待される「リターン」は、次のようになります。

$$E(K_V) = 0.16 \times 0.8 - 0.04 \times 0.2 = 0.12$$

すなわち、「12％」になります。

＊

この「投資」の「リスク」は、ランダム変数「K_v」の「標準偏差」で定義されます。

$$\sigma_V = \sqrt{(0.16 - 0.12)^2 \times 0.8 + (-0.04 - 0.12)^2 \times 0.2}$$
$$= 0.08$$

投資家は、当然ながら、同じ期待される「リターン」であっても、より少ない「リスク」の「投資」を選ぶ傾向があります。

また、同じ「リスク」の「投資」にについては、期待される「リターン」がより高い「投資」を選ぶ傾向があります。

「オプション取引市場」では、「ポートフォリオ」は「(x, y, z)」で表わされます。

ここで、「x」は「株シェア」を、「y」は「債券」を、「z」は「オプション」を表わします。

時点「0」におけるポートフォリオ「(x, y, z)」の総資産「$V(0)$」は、次のようになります。

第4章　単純市場モデル

$$V(0) = xS(0) + yA(0) + zC(0)$$

　ここで、「$C(0)$」は時点「0」で売買可能な「オプション」の値を
表わします。

　時点「1」では、「$V(1)$」は、次のようになります。

$$V(1) = xS(1) + yA(1) + zC(1)$$

　なお、上記の「単純市場モデル」の「仮定 1-5」は、この場合の
「ポートフォリオ」についても適用されます。

＊

　「金融工学」では、「オプション取引」の「リスク」をできるだけ
軽減し、より多くの「リターン」を得るための「ポートフォリオ」を
構築するさまざまな手法が研究されています。

　実際的には、ここで紹介した「単純市場モデル」は一般化する必
要がありますが、詳細については**第 6 章**で解説します。

第5章

資　産

第5章では、「資産」の数学的性質を説明します。
ここでは、「リスクなし資産」と「リスクあり資産」
を紹介します。

5.1　　　　　　　リスクなし資産

「資産」は、性質上、「リスクなし資産」(risk-free asset) と「リスクあり資産」(risky asset) に分類できます。

∗

銀行などへの「預金」は「リスクなし資産」であり、「株」「先物取引」などの「金融商品」は「リスクあり資産」になります。

たとえば、銀行に「預金」をすれば、「利子」として「利益」を得ることができます。

すなわち、銀行への「預金」の「資産」の将来価格は、元金「P」と「利子」の和になります。

ここで、「年利」を「$r > 0$」とすると、1年後の「資産」は、

65

第5章　資　産

$$V(1) = P + rP = (1 + r)P$$

になり、2 年後には、

$$V(2) = (1 + 2r)P$$

すでに述べたように、「金利」は「年利」として表現されることが多いです。

すなわち、1 日の「利子」は「$\frac{1}{365}rP$」になり、n 日の「利子」の総計は、

$$V(\tfrac{n}{365}) = (1 + \tfrac{n}{365}r)P$$

になります。

したがって、時点「t」(年) における「資産」は、次の式で表わされます。

$$V(t) = (1 + tr)P$$

ここで、「$V(0) = P$」になります。

〔5.1〕リスクなし資産

また、「$1 + rt$」は「**成長率**」(growth factor) と言います。

利子「r」を定数と仮定し、時点「s」で「P」を評価すると、時点「$t \geq s$」における資産「$V(t)$」は、次のようになります。

$$V(t) = (1 + (t - s)r)P$$

時点「s」「t」の期間のリターン「$K(s, t)$」は、

$$K(s, t) = \frac{V(t) - V(s)}{V(s)}$$

になります。

「利子」の計算には、「**単利**」(simple interest) と「**複利**」(compund interest) があります。
「単利」では初期元本のみに「利子」がつきます。

「複利」では、「元金」で生じた「利子」を次の「元金」に組み入れ、「元金」「利子」の総和に「利子」がつきます。

よって、「単利」の場合、「$K(s, t) = (t - s)r$」になります。

上記より、時点「t」が与えられた時の初期資産「$V(0)$」は、

67

第5章　資　産

$$V(0) = V(t)(1 + rt)^{-1}$$

になりますが、「$(1 + rt)^{-1}$」は「**ディスカウント係数**」(discount factor) と言います。

＊

次に、「複利」の場合を考えます。

銀行口座に預金「P」を利率「r」で預けるとします。

通常は、年利ベースで預金に「利子」がつきますが、期間ベースで「利子」を考えることもできます。

「複利」における、月ベースの利子は「$\frac{r}{12}P$」になり、n 月後の預金は「$(1 + \frac{r}{12})^n P$」になります。

利率「r」を一定とし、1 年に m 回利子が支払われるとすると、「t」年後の預金「P」の値「$V(t)$」は、次の式で表わされます。

$$V(t) = \left(1 + \frac{r}{m}\right)^{tm} P$$

「複利」の期間ベースの「資産」については、[**命題 5.1**] が成り立ちます。

68

〔5.1〕リスクなし資産

［命題 5.1］
　「m, t, r, P」の 1 つが増加し、他が一定の場合、「$V(t)$」は増加します。

　「t, r, P」の 1 つが増加すると、「$V(t)$」も増加するのは自明です。

　「m」が増加したとき、「$V(t)$」も増加するのを示すには、「$m < k$」ならば、

$$
\left(1 + \frac{r}{m}\right)^{tm} < \left(1 + \frac{r}{k}\right)^{tk}
$$

を示す必要があります。

　これは、次のように変形できます。

$$
\left(1 + \frac{r}{m}\right)^{m} < \left(1 + \frac{r}{k}\right)^{k}
$$

　実際、これは「二項式」を用いて直接的に示せます。

$$
\begin{aligned}
&\left(1 + \frac{r}{m}\right)^{m} \\
&= 1 + r + \frac{1 - \frac{1}{m}}{2!} r^2 + \cdots + \frac{(1 - \frac{1}{m}) \cdots (1 - \frac{m-1}{m})}{m!} r^m \\
&\leq 1 + r + \frac{1 - \frac{1}{k}}{2!} r^2 + \cdots + \frac{(1 - \frac{1}{k}) \cdots (1 - \frac{m-1}{k})}{m!} r^m
\end{aligned}
$$

69

第5章 資 産

$$< 1 + r + \frac{1 - \frac{1}{k}}{2!} r^2 + ... + \frac{(1 - \frac{1}{k}) \cdots (1 - \frac{k-1}{k})}{k!} r^k$$
$$= \left(1 + \frac{r}{k}\right)^k$$

以上から、「**命題 5.1**」は証明されました。

5.2　リスクあり資産

　「株」などの「資産」の将来価格は確実に予想できません。すなわち、「リスク」があります。このような「資産」は、「**リスクあり資産**」(risky asset) と言います。

＊

　「リスクあり資産」を数学的に扱うには、特定の条件が必要になります。

　時点「t」の株価を「$S(t)$」とすると、すべての「t」について「$S(t)$」は「正値」と仮定します。

　しかし、将来価格「$S(t)$」(「$t > 0$」) は、一般に未知です。

　数学的に解釈すると、「$S(t)$」は確率空間「Ω」上の「正値」の「ランダム変数」、すなわち、

$$S(t) : \Omega \to (0, \infty)$$

〔5.2〕 リスクあり資産

と書けます。

　なお、確率空間「Ω」は、「すべての実行可能な価格変動」、すなわち、シナリオ「$\omega \in \Omega$」から構成されます。

　また、「市場」がシナリオ「$\omega \in \Omega$」に従うならば、時点「t」の株価を「$S(t, \omega)$」と書くことにします。

＊

　投資家は、現在の株価「$S(0)$」が「正の値」で、一定値を取る「ランダム変数」であることを知っています。

　しかし、未知の将来価格、「$S(t)$」$(t > 0)$ は可変の値を取る「ランダム変数」になります。

　これは、任意の「$t > 0$」について「$S(t, \omega) \neq S(t, \omega')$」であるような、少なくとも 2 つのシナリオ「$\omega, \omega'$」が存在することを意味します。

＊

　なお、「時間」は離散的に経過するとします。

　すなわち、「$t = n\tau$」（「$n = 0, 1, 2, ...$」で「τ」は一定のステップ数 (年、月、週など)）になります。

　また、以下の説明を簡略化するため、「$S(0), S(\tau), S(2\tau), ..., S(n\tau)$」の代わりに「$S(0), S(1), S(2), ..., S(n)$」と書くことにします。

　たとえば、「市場」が次のような 2 つの「シナリオ」、すなわち、「前進 (ω_1)」「後退 (ω_2)」に従うとします。

71

第5章 資産

現在の「株価」を 10 万円、1 年後の「株価」を「シナリオ」が「前進」ならば 12 万円、「後退」ならば 7 万円とします。

そうすると、「$\Omega = \{\omega_1, \omega_2\}$」「$\tau = 1$」について、次のようになります。

シナリオ	$S(0)$	$S(1)$
ω_1 (前進)	10	12
ω_2 (後退)	10	7

*

次に、「リターン」による株価「$S(n)$」のダイナミックスの記述を説明します。

［定義 5.1］
時間区間「$[n, m]$」のリターン「$K(n, m)$」は、「ランダム変数」は、

$$K(n, m) = \frac{S(m) - S(n)}{S(n)}$$

で定義されます。

〔5.2〕リスクあり資産

シングル時間ステップ「$[n-1,n]$」の「リターン」を「$K(n)$」とすると、

$$K(n) = K(n-1, n) = \frac{S(n) - S(n-1)}{S(n-1)}$$

が成り立ちます。

よって、「$S(n)$」は次のようになります。

$$S(n) = S(n-1)(1 + K(n))$$

＊

なお、一連の「ワンステップ・リターン」と全体区間の「リターン」の間には、次の関係が成り立ちます。

[命題 5.2]
$$1 + K(n, m) = (1 + K(n+1))(1 + K(n+2)) \cdots (1 + K(m)).$$

「命題 5.2」は、次のように証明されます。

「定義 5.1」から、

$$S(m) = S(n)(1 + K(n, m))$$

および、

第5章 資産

$$S(m) = S(n)(1+K(n+1))(1+K(n+2))\cdots(1+K(m))$$

が成り立ちます。

これらの両辺を「$S(n)$」で割ると、「命題 5.2」が導かれます。

＊

なお、ある時間区間のリターン「K」の「確率分布」を既知とすると、「リターン」の期待値「$E(K)$」を計算できます。ここで、「$E(K)$」を「期待リターン」(expected return) と言います。

＊

ワンステップリターン「$K(n+1),...,K(m)$」が「独立」ならば、「期待リターン」は、次の関係を満足します。

$$1 + E(K(n,m)) = (1 + E(K(n+1)))(1 + E(K(n+2)))\cdots(1 + E)(K(m)))$$

【二項木モデル】

「二項木モデル」(binomial tree model) は、「ワンステップ二項モデル」を拡張した重要な「モデル」の 1 つで、以下の条件を満足します。

〔5.2〕リスクあり資産

[条件 1]
株のワンステップリターン「$K(n)$」は、各時点ステップ「u」で、分布的に独立な「ランダム変数」、

$$
\begin{aligned}
K(n) &= u \,(確率「p」) \\
&= d \,(確率「1-p」)
\end{aligned}
$$

に等しくなります (「$-1 < d < 1, 0 < p < 1$」)。

　この条件は、各時間ステップで株価「$S(n)$」が「$1+u$」または「$1+d$」で「上昇」または「下降することを意味します。

※なお、「$-1 < d < u$」は、「$S(0)$」が正値ならばすべての「$S(n)$」も正値であることを保証します。

　「r」をワンステップ時間ステップ「τ」の「リスクなし資産」の「リターン」とすると、「**条件 2**」を満足します。

[条件 2]
リスクなし資産のワンステップ・リターン「r」は、各時間ステップで等しく、

$$
d < r < u
$$

を満足します。

第5章 資

> ここで、「$d < r < u$」は「リスクなし資産」に関連
> する「株価」の動きを記述します。

「$S(1)/S(0) = 1 + K(1)$」なので、条件 1 は「ランダム変数」が
次の 2 つの異なる値、

$$S(1) \quad = \quad S(0)(1 + u) \text{ (確率「}p\text{」)}$$
$$= \quad S(0)(1 + d) \text{ (確率「}1 - p\text{」)}$$

を取ることを意味します。

将来の「株価」は確定できませんが、「二項木モデル」では、その
「期待値」を考えることができます。

この単純な考え方は、「デリバティブ（derivative）」の理論へ応用
できます。

*

たとえば、「株価」の期待値「$E(S(n))$」の動きは、次のように記
述されます。「$n = 1$」では、

$$E(S(1)) = pS(0)(1+u)+(1-p)S(0)(1+d) = S(0)(1+E(K(1)))$$

になります。

76

〔5.2〕リスクあり資産

　ここで、

$$E(K(1)) = pu + (1 - p)d$$

は、「ワンステップ・リターン」の「期待値」です。

　なお、これは任意の「n」に拡張できます。

　［命題 5.3］
　「$n = 0, 1, 2, ...$」の「株価」の期待値は、次のように
なります。

$$E(S(n)) = S(0)(1 + E(K(1)))^n$$

　「命題 5.3」は、次のように証明されます。
　ワンステップ・リターン「$K(1), K(2), ...$」は独立なので、ランダム変数「$1 + K(1), 1 + K(2), ...$」も独立になります。
　よって、次の式が成り立ちます。

$$
\begin{aligned}
E(S(n)) &= E(S(0)(1 + K(1))(1 + K(2)) \cdots (1 + K(n))) \\
&= S(0)E(1 + K(1))E(1 + K(2)) \cdots E(1 + K(n)) \\
&= S(0)(1 + E(K(1)))(1 + E(K(2))) \cdots (1 + E(K(n)))
\end{aligned}
$$

　「$K(n)$」は分布的に等しいので、等しい「期待値」、

第5章　資　産

$$E(K(1)) = E(K(2)) = ... = E(K(n))$$

になります。すなわち、「$E(S(n))$」が導かれます。

　「$S(0)$」が時点「0」の「リスクなし資産」として評価されるならば、n ステップ後には「$S(1)(1+r)^n$」に増加します。
　しかし、「株」の「投資」では、「$S(n)$」が事前に分からないので「リスク」があります。

　リスク中立である確率「p_*」と期待値「E_*」は、次の条件を満足します。

$$E_*(K(1)) = p_* u + (1 - p_*)d = r$$

　この式は、次の式を含意します。

$$p_* = \frac{r - d}{u - d}$$

　「p_*」は「リスク中立 確率」(risk-neutral probability)、「E_*」は「リスク中立 期待値」(risk-neutral expectation) と言います。

〔5.2〕リスクあり資産

　なお、「リスク中立確率」は抽象数学的なもので、実際の「市場確率」と同じ (または異なる)、という点で重要です。

　「リスク中立」の市場のみで、「$p = p_*$」が成り立ちます。

　また、たとえリスク中立確率「p_*」が実際の市場確率「p」と関連性がないとしても、「デリバティブ・セキュリティ」の評価のための適当な確率は、「p」でなく、「p_*」になります。

＊

　「命題 5.3」より、「$S(n)$」のリスク中立確率「p_*」に関する「期待値」は、

$$E_*(S(n)) = S(0)(1 + r)^n$$

になります。なぜなら、「$r = E_*(K(1))$」であるからです。

　通常の「確率」「期待値」の場合と同様、「リスク中立条件付き確率」「リスク中立条件付き期待値」を定義できます。

　［命題 5.4］
　株価「$S(n)$」が時点「n」で既知であれば、「$S(n+1)$」の「リスク中立 条件付き 期待値」は、

第5章 資　産

$$E_*(S(n+1) \mid S(n)) = S(n)(1+r)$$

になります。

「命題 5.4」 は、次のように証明されます。

n ステップ後、「$S(n) = x$」と仮定します。そうすると、

$$E_*(S(n+1) \mid S(n) = x) = p_+ x(1+u) + (1-p_*)x(1+d)$$

になります。

　なぜなら、「$S(n+1)$」の確率「p_*」は「$x(1+u)$」で、確率「$1-p_*$」は「$1-p_*$」になるからです。

$$*$$

　しかし、「$E_*(K(1)) = p_* u + (1 - p_*)d = x$」より、「$S(n)$」の任意の値「$x$」について、

$$E_*(S(n + 1) \mid S(n) = x) = x(1 + r) \qquad (*)$$

が成り立ちます。

　$(*)$ と 「$S(n + 1) = x(1 + r)$」から、「命題 5.4」 は、証明されます。

〔5.2〕リスクあり資産

なお、「**命題 5.4**」の式「$E_*(S(n+1) \mid S(n)) = S(n)(1+r)$」の両辺を「$(1+r)^{n+1}$」で割ると、「ディスカウント株価」の「**マーチンゲール性**」(martingale property) を得ます。

[**命題 5.5**] **マーチンゲール性**
任意の「$n = 0, 1, 2, \ldots$」について、以下が成り立ちます

$$E_*(\tilde{S}(n+1) \mid S(n)) = \tilde{S}(n).$$

ディスカウント株価「$\tilde{S}(n)$」は、リスク中立確率「p_*」について「マーチンゲール」と言い、この場合の「p_*」は「**マーチンゲール確率**」(martingale probability) と言います。

＊

なお、他の「市場モデル」としては、「三項木モデル」「連続時間極限モデル」などがあります。

「**三項木モデル**」(trinomial tree model) は、「二項木モデル」を一般化したもので、「$K(n)$」の可能な値が 3 個になります。

「三項木モデル」では、「価格」の「上昇」「下降」のほか「中間値」を記述できます。

「**連続時間 極限モデル**」(continuous time limit model) は、「離散時間モデル」の欠点を、「連続時間」を仮定して記述される「モデル」で、**第 6 章**で解説する「連続時間 市場 モデル」として一般化されます。

81

第6章
金融モデル

第6章では、「金融モデル」を説明します。「金融モデル」は、「金融」を数学的及び工学的に扱うために必要なものです。
ここでは、「離散時間 市場モデル」「連続時間 市場モデル」「先物契約」「オプションモデル」「ブラック＝ショールズ方程式」を紹介します。

6.1 離散時間 市場モデル

ここでは、「離散時間 市場モデル」(discrete time market model) を説明します。「離散時間 市場モデル」では、「時点」は離散 (不連続) になります。

m 個の「リスクあり資産」、たとえば、「株」が取り引きされると仮定します。

それらの取引の時点「$n = 0, 1, 2, ...$」における価格を「$S_1(n), ..., S_m$」とします。

〔6.1〕離散時間 市場モデル

　さらに、投資家は「資産」を自由に取引きするものとします。

　資産番号「$1, ..., m$」の「リスク」を「$x_1, ..., x_m$」とし、「非リスク」を「y」とします。

　時点「n」における投資家の「資産」は、次のように書けます。

$$V(n) = \sum_{j=1}^{m} x_j S_j(n) + yA(n)$$

「単純市場モデル」と同様、以下では、この仮定が採用されます。

　「単純市場モデル」との違いは、「1 ステップ」の変化ではなく、「数ステップ」の変化が記述されることと、いくつかの「リスクあり資産」が考慮されることです。

　［仮定 1］ランダム性
　将来株価「$S_1(n), ..., S_m(n)$」は任意の「$n = 1, 2, ...$」についての「ランダム変数」になります。
　　リスクなしセキュリティ $(n = 1, 2, ...)$ の将来価格「$A(n)$」は既知です。

　［仮定 2］価格の正値性
　すべての株価と社債価格は正の値になります。

83

第6章　金融モデル

すなわち、すべての「$n = 0, 1, 2, ...$」について、

> 「$S(n) > 0$」かつ「$A(n) > 0$」

になります。

［仮定 3］ 整除性、流動性、空売り
投資家が x_k 個の「株」(「$k = 1, ..., m$」) を所有し、売買し、それらの「リスク」の立場を「y」とすると、「$x_1, ..., x_m, y$」は実数で表現されます。

また、「株価」は「市場」に左右され (流動性)、「空売り」も可能です。

［仮定 4］支払い能力
「支払い能力」(solvency) は、投資家の「資産」は、常に非負 (0 または正)、すなわち、

> $V(n) \geq 0 \ (n = 0, 1, 2, ...)$

を意味します。

84

〔6.1〕離散時間 市場モデル

> [仮定 5] 離散単一価格
> 「離散単一価格」は、「$n = 0, 1, 2, ...$」について「株価」
> の将来価格「$S_1(n), ..., S_m(n)$」が多数の有限値のみを
> とる「ランダム変数」であることを意味します。

「リスクあり資産」および「リスクなし資産」における投資家の
立場は、さまざまな要素によって変わり得ます。

投資家の「ポートフォリオ」と資産売買の意思決定は、そのとき
にもっている情報に基づきます。

「ポートフォリオ」は、時点「$n-1$」「n」の間に投資家によって
保持される「株シェア」と「債券」の数を表わす「ベクトル」、

$$(x_1(n), ..., x_m(n)), y(n)$$

になります。

「$n = 1, 2, ...$」でインデックス付けされた「ポートフォリオ」の
系列は、「**投資戦略**」(investment strategy) と言います。

資産家の時点「$n \geq 1$」における「資産」(または、「戦略値」) は、
次の式で表わされます。

第6章　金融モデル

$$V(n) = \sum_{j=1}^{m} x_j(n)S_j(n) + y(n)A(n)$$

＊

なお、時点「$n = 0$」における「初期資産」は、次の式で与えられます。

$$V(0) = \sum_{j=1}^{m} x_j(1)S_j(0) + y(1)A(0)$$

＊

いくつかの「投資戦略」があります。

「定義 6.1」の「自己投資的」な「投資戦略」です。

[定義 6.1]
現在の資産「$V(n)$」によって時点「$n \geq 1$」と次の時点「$n+1$」で構成される「ポートフォリオ」が完全に財務化される「投資戦略」は、「自己投資的」(self-financing)と言います。

なお、「自己投資」では、次の式が成り立ちます。

86

$$\sum_{j=1}^{m} x_j(n+1)S_j(n) + y(n+1)A(n) = V(n)$$

時点「n」の「ポートフォリオ」を構成する投資家は、将来の「株価」の知識をもっていません。

特に、「インサイダー取引」は許されません。

＊

現在までの実績のみに基づいた投資決定は、次の「**定義 6.2**」で示されます。

［定義 **6.2**］
ポートフォリオ「$x_1(n+1), ..., x_m(n+1), y(n+1)$」が時点「$n = 0, 1, 2, ...$」までの「市場」のみから構成される「投資戦略」は、「**予想的**」(predictable) と言います。

次の「**命題 6.1**」は、「リスクなし資産の立場」は、常に、現在の「資産」と「リスクあり資産の立場」によって決定されることを示します。

［命題 **6.1**］
初期財産「$V(0)$」と「リスクあり資産の立場」の予想的系列「$(x_1(n), ..., x_m(n))$」($n = 1, 2, ...$) について、

第6章　金融モデル

> 常に「$(x_1(n), ..., x_m(n), y(n))$」が「予想的」かつ「自己投資的」な「戦略投資」であるような「リスクなし立場」の系列「$y(n)$」を見つけることができます。

「**命題 6.1**」は、次のように証明されます。まず、

$$y(1) = \frac{V(0) - x_1(1)S_1(0) - ... - x_m(1)S_m(0)}{A(0)}$$

とし、

$$y(1) = \frac{V(0) - x_1(1)S_1(0) - ... - x_m(1)S_m(0)}{A(1)}$$

を計算します。

以下、同様に、

$$y(2) = \frac{V(1)x_1(2)S_1(1) \cdot .. - x_m(2)S_m(1)}{A(1)}$$

$$V(2) = x_1(2)S_1(2) + ... + x_m(2)S_m(2) + y(2)A(2)$$

$$...$$

になります。

〔6.1〕離散時間 市場モデル

　また、「$y(n+1)$」は時点「n」までの「株価」によって記述されるので、「投資戦略」は「予想的」になります。

　「離散時間 市場モデル」では、「単純 市場モデル」における「非さや取引 原理」が一般化されます。

　［定義 6.3］
　「投資戦略」は、「自己投資的」「予想的」かつ任意の「$n = 0, 1, 2, ...$」について「$V(n) \geq 0$」の確率が「1」ならば、「許容的」(admissible) と言います。

　［仮定 6］
　ある「$n = 1, 2, ...$」について、「$V(0) = 0$」かつ「$V(n) > 0$」が正確率である「許容的」な戦略は存在しません。

　［命題 6.2］
　「二項木モデル」が「非さや取引」を認めないのと「$d < r < u$」は同値になります。

　「命題 6.2」 は、次のように証明されます。

＊

まず、「ワンステップ二項木モデル」のワンステップを考えます。

89

第6章　金融モデル

　「$r \leq d$」と仮定すると、「1 ドル」を「リスクなし価格」で借り、「$1/S(0)$」のシェアを買うことになります。

　すなわち、「$x = 1/S(0)$」「$y = -1$」の「ポートフォリオ」を構成すると、その値は「$V(0) = 0$」になります。

　ワンステップ後では、「$S(1) = S(0)(1+d)$」「$V(1) = -r+d \geq 0$」または「$S(1) = S(0)(1+u)$」「$V(1) = -r+u > 0$」になります。
　これより、「さや取引」になります。

　次に、「$u \leq r$」と仮定すると、1 つの「債券」を買い、売りの立場で「$1/S(0)$」のシェアを売ることになります。

　すなわち、「$x = -1/S(0)$」「$y = 1$」の「ポートフォリオ」を構成すると、その値は「$V(0) = 0$」になります。

　ワンステップ後では、「株価」が上昇ならば「$V(1) = r - u \geq 0$」になり、下降ならば「$V(1) = r - d \geq 0$」になります。
　よって、これは「さや取引」になります。

　最後に、「$d < r < u$」と仮定します。
　すべての「$V(0) = 0$」の「ポートフォリオ」は、ある実数「a」について「$x = a/S(0)$」「$u = -a$」の形になります。

*

90

〔6.1〕離散時間 市場モデル

ここで、次の 3 個の場合を考えます。

(1) 「$a > 0$」(「現金」も「ローン」もない「ポートフォリオ」): 同様に、「$V(1) = 0$」になります。

(2) 「$a > 0$」(「株」で評価される「現金」「ローン」): 株価が下がれば「$V(1) = a(d-r) < 0$」になります。

(3) 「$a < 0$」(長期間の債券): 「株価」が上がれば「$V(1) = a(u - r) < 0$」になります。

「$d < r < u$」のときは、明らかに、「さや取引」は不可能です。

*

上記の議論より、「$d < r < u$」とワンステップの場合に「さや取引」が存在しないのと同値である、ことが示されます。

*

最後に、複数ステップを考えます。

「$d < r < u$」と「さや取引」を仮定します。「株価」の木は、「ワンステップ」の「部分木」の集まりと解釈できます。

「$V(0) \neq 0$」である最小の「n」について、ルートで「$V(n-1) = 0$」「$V(n) \geq 0$」を満足する「ワンステップ部分木」を見つけれます。

しかし、ワンステップの場合、「$d < r < u$」ならば不可能になりますが、矛盾になります。

逆に、複数ステップの「二項木モデル」で「さや取引」がないと仮定します。

91

第6章　金融モデル

そうすると、「$V(0) = 0$」である任意の戦略について、任意の「n」について「$V(n) = 0$」「$V(1) = 0$」になります。

これは、「ワンステップ」の場合の議論から、「$d < r < u$」を含意します。

以上で、「**命題 6.2**」は証明されました。

*

次の「**命題 6.3**」は、「二項木モデル」では、「さや取引」がないのと「リスク中立確率」の存在は同値である、ことを示しています。

なお、次の「**命題 6.3**」は、「**命題 6.2**」から導かれます。

［命題 **6.3**］
「二項木モデル」が「さや取引」を認めないのと、「$0 < p_* < 1$」であるリスク中立確率「p_*」が存在するのは同値になります。

次の「**定理 6.1**」は、「**資産価格の基本定理**」です。

［定理 **6.1**］資産価格の基本定理
「非さや原理」は、シナリオ「Ω」の集合上の確率「P_*」の存在と同値になります。

ただし、各シナリオ「$\omega \in \Omega$」について「$P_*(\omega) > 0$」でディスカウント株価「$\tilde{S}_j(n) = S_j(n)/A(n)$」は、

92

〔6.1〕離散時間 市場モデル

$$E_*(\tilde{S}_j(n+1 \mid S(n))) = \tilde{S}_j(n)$$

を満足します (「$j = 1, ..., m, n = 0, 1, 2, ...$」)。

　ここで、「$E_*(\cdot \mid S(n))$」は時点「n」で株価「$S(n)$」が既知の場合の「P_*」の「条件付き期待値」を表わします。

※「資産価格の基本定理」の証明は非常に複雑なので、ここでは省略します。

　［定義 6.4］
ランダム変数「$X(0), X(1), X(2), ...$」の系列は、各「$n = 0, 1, 2, ...$」について次の条件、

$$E_*(X(n+1) \mid S(n)) = X(n)$$

を満足するならば、「P_*」について「マーチンゲール」(martingale) と言います。

　「資産価格の基本定理」(定理 6.1) の条件「$E_*(\tilde{S}_j(n+1 \mid S(n))) = \tilde{S}_j(n)$」は、ディスカウント株価「$\tilde{S}_j(0), \tilde{S}_j(1), \tilde{S}_j(2), ...$」が「$P_*$」について「マーチンゲール」である、と言えます。

93

第6章　金融モデル

6.2　先物契約

「先物契約」(forward contract) は、将来の一定期間に一定価格で「資産」を売買をすることを示す「契約」で、いわゆる「先物取引」のベースになっています。

また、次節で紹介する「オプション取引」でも利用されます。

*

なお、「先物契約」における売買ができる一定期間は「納期」(delivery time) と言い、事前に決められる一定価格は「先物価格」(forward price) と言います。

「先物契約」の当事者は、「資産」を売却することに同意する者 (short position) と、「納期」までに「資産」を購入する義務がある者 (long position) になります。

「先物契約」は、これら 2 種類の当事者間の直接的な契約と解釈できます。

実際、「先物契約」は多くの「先物取引」で利用されています。

「先物契約」が行なわれる時点を「0」、「納期」を「T」、「先物価格」を「$F(0,T)$」とし、時点「t」における「資産」の「市場価格」を「$S(t)$」とします。時点「0」では、契約を交わした 2 つの当事者は支払いをしません。

「納期」で「$F(0,T) < S(T)$」ならば購入者は、「利益」を得るこ

〔6.2〕先物契約

とができます。

　すなわち、購入者は「$F(0,T)$」で資産を購入でき、市場価格「$S(T)$」で売却できるので、「利益」は「$S(T) - F(0,T)$」になります。そして、売却者は、「$F(0,T) - S(T)$」の「損失」が発生します。

　「$F(0,T) > S(T)$」ならば、上記の状況は逆になります。

　すなわち、「納期」の「ペイオフ」は、購入者は「$S(T) - F(0,T)$」の「損失」になり、売却者は「$F(0,T) - S(T)$」の「利益」になります。

※なお、「契約」が「0」でない「$t < T$」で開始する場合、「先物価格」を「$F(t,T)$」とすると、「納期」における「ペイオフ」は購入者は「$S(T) - F(t,T)$」になり、売却者は「$F(t,T) - S(T)$」になります。

【配当なしの株】

　さて、さまざまな「資産」の「先物価格」は「非さや原理」によって形式化できます。

　もっとも単純な例は、「配当なしの株」です。

［定理 6.2］
「配当なしの株」の「先物価格」は、

第6章　金融モデル

$$(1)\ F(0,T) = S(0)e^{rT}$$

になります。ここで、「r」は「リスクなし利率」を表わす定数です。

　もし、契約が「$t \leq T$」で開始されるなら、次のようになります。

$$(2)\ F(t,T) = S(t)e^{r(T-t)}$$

＊

「定理 **6.2**」 は、次のように証明されます。

以下では、**(1)** を証明します。

＊

なお、**(2)** の証明も同様です。

まず、「$F(0,T) > S(0)e - rT$」と仮定します。

そうすると、時点「0」では、(i) 時点「T」までに「$S(0)$」を借り、(ii) 「$S(0)$」の「株」を買い、(iii) 売却者は時点「T」で価格「$F(0,T)$」で 1 つの「株」を売却することに同意します。

時点「T」では、(i) 価格「$F(0,T)$」でその「株」を売却し、(ii) 「利子」がある「ローン」のために「$S(0)e - rT$」を支払います。すなわち、「利益」は「$F(0,T) - S(0)e^{rT} > 0$」になりますが、これは

〔6.2〕 先物契約

「非さや原理」に反します。

次に、「$F(0,T) < S(0)e^{rT}$」と仮定します。

そうすると、時点「0」では、(i) 時点「T」までに「$S(0)$」を借り、(ii) リスクなし利益を払い、(iii) 購入者は価格「$F(0,T)$」で 1 つの株を購入します。

時点「T」では、(i) 「$S(0)e^{rT}$」を払い、(ii) 価格「$F(0,T)$」でその株を購入し、(iii) 株取引を終了します。

すなわち、利益は「$e^{rT} - F(0,T) > 0$」になりますが、これは「非さや原理」に反します。

【配当ありの株】

「先物価格」は、「配当ありの株」の場合に一般化されます。「株」の配当「div」が「納期」までの時点「t」に支払われると仮定します。そうすると、「先物価格」はその時点の価格から「配当」を減じたものになります。

［定理 **6.3**］
「配当ありの株」の時点「$t\ (0 < t < T)$」における「先物価格」は、

$$F(0,T) = (S(0) - e^{-rt}\text{div})e^{rT}$$

になります。

97

第6章　金融モデル

「定理 **6.3**」 は、次のように証明されます。

「$F(0,T) > (S(0) - e^{-rt}\mathrm{div})e^{rT}$」と仮定し、「非さや取引戦略」を構成します。

そうすると時点「0」では、(i) 時点「T」までに「$S(0)$」を借り、(ii)「$S(0)$」の「株」を買い、(iii) 売却者は時点「T」で価格「$F(0,T)$」で 1 つの「株」を売却することに同意します。

時点「t」では、配当「div」を支払い、残りの期間「$T - t$」の投資を行ないます。

時点「T」では、「シェア株」を「$F(0,T)$」で売却し、「ローン」を返済するために「$S(0)e^{rT}$」を支払い、配当「$e^{t(T-t)}\mathrm{div}$」を受け取ります。

よって、最終的な残高「$F(0,T) - S(0)e^{rT} + e^{r(T-t)}\mathrm{div} > 0$」は正になりますが、これは「非さや取引原理」に反します。

*

次に、「$F(0,T) < (S(0) - e^{-rt}\mathrm{div})e^{rT}$」と仮定します。

そうすると、時点「0」では、(i) 売却者は時点「T」で価格「$F(0,T)$」で 1 つの「株」を売却することに同意し、(ii)「シェア株」を売却し、リスクなし価格で「$S(0)$」を投資します。

時点「t」では「div」を借り、「配当」を株所有者に支払います。

〔6.2〕先物契約

　時点「T」では、「$F(0,T)$」で「株」を売却し、取引を終了し、「$S(0)e^{r}$」を集め、配当「$e^{t(T-t)}\mathrm{div}$」を支払います。

　よって、最終的な残高「$-F(0,T)+S(0)e^{rT}-e^{r(T-t)}\mathrm{div}>0$」は「正」になりますが、これは「非さや取引原理」に反します。

＊

　ここで、「先物契約」の「資産価値」を見てみましょう。

　すべての「先物契約」の最初の「資産価値」はゼロです。

　しかし、時間の経過でその価値は変化し、一般に、ゼロにはなりません。

　「先物契約」の購入者の納期での「資産価値」は、「$S(T)-F(0,T)$」になります。

　時点「$t\ (0<t<T)$」で開始される「先物契約」の先物価格「$F(t,T)$」は「$F(0,T)$」より高くなります。

　これは時点「0」で契約を開始する購入者には好ましいことです。

　すなわち、時点「T」では、「$F(t,T)-F(0,T)$」の「利益」が得られます。この状況をまとめると、次の「定理 6.4」になります。

　［定理 6.4］
　任意の時点「$t\ (0\leq t\leq T)$」における先物価格「$F(0,T)$」の「先物契約」の「資産価値」は、

$$V(t)=(F(t,T)-F(0,T))e^{-r(T-t)}$$

　になります。

第6章　金融モデル

「定理 6.4」は、次のように証明されます。

「$V(t) < (F(t,T) - F(0,T))e^{-r(T-t)}$」と仮定すると、「非さや取引」は次のようになります。

時点「t」では、売却者は納期「T」の先物価格「$F(0,T)$」の「先物契約」を行ない、購入者はコストなしで先物価格「$F(t,T)$」を開始します。

時点「T」では、売却者の資産は「$S(T) - F(0,T)$」、購入者の「資産」は「$-S(T) + F(t,T)$」の「資産」になり「先物契約」を終了します。そして、利子「$V(t)e^{r(T-t)}$」を支払います。

よって、最終残高「$F(t,T) - F(0,T) - V(T)e^{r(T-t)} > 0$」が「利益」になります。

なお、「$V(t) > (F(t,T) - F(0,T)e^{-r(T-t)}$」の場合も同様に証明されます。

6.3　オプション・モデル

第 3 章で説明したように、「オプション取引」は、決められた将来の一定期間に「オプション」を売買する取引です。

〔6.3〕 オプション・モデル

そして、「オプション」には「ヨーロピアン・タイプ」「アメリカン・タイプ」の 2 種類があります。

＊

「ヨーロピアンタイプ・コール」(買う権利) の「オプション」は、その「ペイオフ」によって、次のようにモデル化されます。

$$
\begin{aligned}
S(T) \quad &= \quad S(T) - X \ (\text{「} S(T) > X \text{」の場合}) \\
&= \quad 0 \ (\text{その他の場合})
\end{aligned}
$$

ここで、「ペイオフ」は「ランダム変数」で、期日権利行使日「T」の価格「$S(T)$」に偶然的です。

ここで、便宜上、次のような実数「x」の「正数部」を表わす記法を導入します。

$$
\begin{aligned}
x^+ \quad &= \quad x \ (\text{「} x > 0 \text{」の場合}) \\
&= \quad 0 \ (\text{その他の場合})
\end{aligned}
$$

そうすると、「ヨーロピアンタイプ・コール」の「オプション」のペイオフは「$(S(T) - X)^+$」になります。

また、「ヨーロピアンタイプ・プット」(売る権利) の「オプション」の「ペイオフ」は「$(X - S(T))^+$」になります。

101

第6章　金融モデル

　「ペイオフ」は「非負」なので、「プレミアム」は「オプション」を買うために支払われます。

　ここで、「オプション」は、自由に取引されると仮定します。

　「コール」「プット」の「ヨーロピアン・オプション」の価格をそれぞれ「C^E」「P^E」とし、「アメリカン・オプション」の価格をそれぞれ「C^A」「P^A」とします。

　「オプション」の売り手 (買い手) の「利益」は、「オプション」で支払われる (受け取られる) プレミアム「C^E」または「P^E」によって変更される「ペイオフ」になります。

＊

　「ヨーロピアンタイプ・コール」と「ヨーロピアンタイプ・プット」の間には重要な関連性があります。

　［定理 6.5］
　「配当なし株」について、「ヨーロピアン・オプション」の「コール」と「プット」の価格には次の関係が成り立ちます。

$$C^E - P^E = S(0) - Xe^{-rT}.$$

　ただし、「X」は「権利行使価格」を、「T」は「権利行使期間」を、「r」は「リスクなし利率」を表わします。

〔6.3〕オプション・モデル

「定理 **6.5**」 は、次のように証明されます。

まず、「$C^E - P^E > S(0) - Xe^{-rT}$」と仮定します。

そうすると、「さや取引」の戦略は、次のようになります。

＊

1 つの「シェア株」を**買います** (「$S(0)$」)。

1 つの「プット・オプション」を**買います** (「P^E」)。

「コール・オプション」を書きそれを売ります (C^E)。

そして、金融市場の金利「r」をもとに、「$C^E - P^E - S(0)$」を投資します。

これらの取引による残高は、「0」になります。

時点「T」では、「$(C^E - P^E - S(0))e^{rT}$」を集め (残高が「負」なら「支払い」)、取引を終了します。

「$S(T) \leq X$」なら権利を行使し、「シェア株」を「X」で売り、「$S(T) > X$」なら「コール」を設定します。

よって、残高は「$(C^E - P^E - S(0))e^{rT} + X > 0$」になりますが、「非さや取引原理」に反します。

＊

次に、「$C^E - P^E < S(0) - Xe^{-rT}$」と仮定します。

そうすると、さや取引戦略は次のようになります。

1 つの「シェア株」を**売ります** (「$S(0)$」)。

1 つの「プット・オプション」を書き、それを売ります (「P^E」)。

「コール・オプション」を**買います** (C^E)。

第6章　金融モデル

そして、「金融市場」の金利「r」をもとに「$S(0) - C^E + P^E$」を投資します。

これらの取引による残高は「0」になります。

時点「T」では、「$(S(0) - C^E + P^E)e^{rT}$」を集め（残高が負なら借り）、取引を終了します。

「$S(T) > X$」なら権利を行使し、「シェア株」を「X」で売り、「$S(T) \geq X$」なら「コール」を設定します。

よって、残高は「$(S(0) - C^E + P^E)e^{rT} - X > 0$」になりますが、「非さや取引原理」に反します。

「アメリカン・オプション」では、権利行使期間内のいつでも取引できるので、「プット」と「コール」の価格の関係は、不等号関係の評価のみになります。

［定理 **6.6**］
「配当なし株」について、「アメリカン・オプション」の「コール」と「プット」の価格には、次の関係が成り立ちます。

$$S(0) - Xe^{rT} \geq C^A - P^A E \geq S(0) - X.$$

ただし、「X」は「権利行使価格」を、「T」は「権利行使期間」を、「r」は「リスクなし利率」を表わします。

104

〔6.3〕オプション・モデル

*

まず、最初の不等式が成り立たないと仮定します。

すなわち、

$$C^A - P^A - S(0) + Xe^{rT} > 0$$

と仮定します。

そうすると、「コール」を書いて売り、「プット」と「シェア株」を買うことができます。

もし、「アメリカン・コール」の保持者が時点「$t \leq T$」で権利を行使すれば、「シェア株」のための「X」を受け取り、「金融市場」の立場を確定します。

そして、残高は、次のようになります。

$$
\begin{aligned}
& X + (C^A - P^A - S(0))e^{rt} \\
& = (Xe^{-rt} + C^A - P^A - S(0))e^{rt} \\
& \geq (Xe^{-rt} + C^A - P^A - S(0))e^{rt} \\
& > 0.
\end{aligned}
$$

もし、「コール・オプション」が行使されなければ、「シェア株」を「X」で売り、「プット」を時点「T」で行使することができます。

105

第6章　金融モデル

そうすると、残高は、次のようになります。

$$X + (C^A - P^A - S(0))e^{rT} > 0$$

次に、

$$C^A - P^A - S(0) + X < 0$$

と仮定します。

そうすると、「プット」を書いて売り、「コール」と「シェア株」を売ることができます。

「アメリカン・プット」を時点「$t \leq T$」で行使すると、「シェア株」を売るために「X」を撤回し、取引を終了します。

*

「コール・オプション」は変わらず、残高は、

$$(-C^A + P^A + S(0))e^{rT} - X > Xe^{rT} - X \geq 0$$

になります。

もし、「プット」が行使されなければ、時点「T」で「コール」を行使して「X」で「シェア株」を**買い**、取引を終了します。

残高は、次のようになります。

$$(-C^A + P^A + S(0))r^{rT} - X > Xr^{rT} - X > 0$$

以上から、「非さや取引原理」によって定理は成り立ちます。

6.4 連続時間 市場モデル

「離散時間時間市場モデル」では「時点」は「不連続」なので、資産価格の動きとそれらの時点例は制限されます。

これらの制限を克服するには、「時点」を連続的に解釈する必要があります。

このような観点で記述される「市場モデル」が「**連続時間 市場モデル**」(continuous time market model) になります。

「二項木モデル」の列において、時間ステップ「$\tau = \frac{1}{N}$」で「$N \to \infty$」とします。また、便宜上、「**対数リターン**」(logarithmic return) を導入します。

*

時点間隔「$[n.m]$」の「対数リターン」は、次のようになランダム変数「$k(n.m)$」で定義されます。

$$k(n,m) = \ln\frac{S(m)}{S(n)}$$

107

第6章 金融モデル

「ワンステップ対数リターン」を「$k(n)$」,

$$k(n) = k(n-1, n) = \ln \frac{S(n)}{S(n-1)}$$

とすると、次の式が成り立ちます。

$$S(n) = S(n-1)e^{k(n)}$$

ここでは、次の「対数リターン」、

$$k(n) \quad = \quad \ln(1 + K(n)) \quad = \quad \begin{array}{l} \ln(1+u) \text{ (確率「0.5」)} \\ \ln(1+d) \text{ (確率「0.5」)} \end{array}$$

を用います。

そして、連続累積率「r」を用いることで、長さ「τ」の時間ステップで「リターン」は「$e^{\tau r}$」になります。

「m」を「期待値」とし、「σ」を「0」から「1」の期間ステップの M ステップの長さ「τ」ので構成される対数リターン「$k(1) + k(2) + ... + k(N)$」の「標準偏差」とします。

〔6.4〕連続時間 市場モデル

　対数リターン「$k(1)+k(2)+...+k(N)$」は、「$K(1), K(2), ..., K(N)$」と同様に「等分布」かつ「独立」です。

　よって、「$n = 1, 2, .., N$」について、次の関係が成り立ちます。

$$
\begin{aligned}
m &= E(k(1); k(2) + ... + k(N)) \\
&= E(k(1)) + E(k(2)) + ... + E(k(N)) \\
&= NE(k(n)) \\
\sigma^2 &= Var(k(1) + k(2) + ... + k(N)) \\
&= Var(k(1) + Var(k(2)) + ... + Var(k(N)) \\
&= NVar(k(n))
\end{aligned}
$$

　これは、任意の「$k(n)$」の「期待値」は「$\frac{m}{N} = m\tau$」になり、「標準偏差」は「$\sqrt{\sigma^2/N} = \sigma\sqrt{\tau}$」になる、ことを意味します。
　したがって、「$k(n)$」の可能な値は、次の 2 つになります。

$$
\begin{aligned}
\ln(1 + u) &= m\tau + \sigma\sqrt{\tau} \\
\ln(1 + d) &= m\tau - \sigma\sqrt{\tau}
\end{aligned}
$$

　独立したランダム変数「$\zeta(n)$」の系列、

$$
\begin{aligned}
\zeta(n) &= +\sqrt{\tau} \ (確率「1/2」) \\
&= -\sqrt{\tau} \ (確率「1/2」)
\end{aligned}
$$

第6章 金融モデル

を導入すると、「対数リターン」は、次のようになります。

$$k(n) = m\tau + \sigma\zeta(n)$$

次に、「**対称的ランダム・ウォーク**」(symmetric random walk) という重要なランダム変数の系列「$w(n)$」を導入します。

「$w(n)$」は次の関係を満足します。

$$w(n) = \zeta(1) + \zeta(2) + ... + \zeta(n)$$
$$w(0) = 0$$

明らかに、「$\zeta(n) = w(n) - w(n-1)$」になります。

以下、「$t = \tau n$」($n = 1, 2, ...$) について、「$S(n)$」「$w(n)$」の代わりに「$S(t)$」「$w(t)$」と書くことにします。

［命題 **6.4**］
時点「$t = \tau n$」の株価「$S(t)$」は、

$$S(t) = S(0)\exp(mt + \sigma w(t))$$

になります。

〔6.4〕連続時間 市場モデル

「命題 **6.4**」 は、次のように証明されます。

上記の「$S(n) = S(n-1)e^{k(n)}$」より、

$$
\begin{aligned}
S(t) &= S(n\tau) \\
&= S(n\tau - \tau)e^{k(n)} \\
&= S(n\tau - 2\tau)e^{k(n-1)+k(n)} \\
&\cdots \\
&= S(0)e^{k(1)+\ldots+k(n)} \\
&= S(0)e^{mn\tau + \sigma(\zeta(1)+\ldots+\zeta(n))} \\
&= S(0)e^{mt + \sigma w(t)}
\end{aligned}
$$

になり、証明は終了します。

「連続時間」の「極限」を扱うには、極小の「x」について、「指数関数」の「近似式」、

$$
e^x \approx 1 + x + \frac{1}{2}x^2
$$

を用いると、次の式が得られます。

$$
\frac{S(n\tau + \tau)}{S(n\tau)} = e^{k(n+1)} \approx 1 + k(n+1) + \frac{1}{2}k(n+1)^2
$$

よって、

111

第6章　金融モデル

$$k(n+1)^2 = (m\tau + \sigma\zeta(n+1))^2 = \frac{1}{2}k(n+1)^2$$

が得られます。

また、

$$
\begin{aligned}
\frac{S(n\tau+\tau)}{S(n\tau)} &\approx 1 + m\tau + \sigma\zeta(n+1) + \frac{1}{2}\sigma^2\tau \\
&= 1 + \left(m + \frac{1}{2}\sigma^2\right)\tau + \sigma\zeta(n+1)
\end{aligned}
$$

なので、次の関係が成り立ちます。

$$S(n\tau+\tau)-S(n\tau) \approx \left(m + \frac{1}{2}\sigma^2\right)S(n\tau)\tau + \sigma S(n\tau)\zeta(n+1)$$

よって、「$\zeta(n+1) = w(n\tau+\tau) - w(n\tau)$」なので、次の「株価」についての「近似方程式」が得られます。

$$S(t+\tau)-S(t) \approx \left(m + \frac{1}{2}\sigma^2\right)S(t)\tau + \sigma S(t)(w(t+\tau)-w(t))$$

ここで、「$t = n\tau$」になります。

なお、この「近似方程式」の解「$S(t)$」は、「**命題 6.4**」と同様

〔6.4〕連続時間 市場モデル

に得ることができます。

　任意の「$N = 1, 2, \ldots$」 について、長さ「$\tau = \frac{1}{N}$」の時間間隔の
「二項木モデル」を考えます。

　「$S_N(t)$」を対応する「株価」とし、「$w_n(t)$」を増分「$\zeta_N(t) = w_N(t) - w_N(t - \frac{1}{N})$」（「$t = \frac{n}{N}$」は n ステップ後の時点) の対応
する「対称的ランダム・ウォーク」とします。

＊

　ここで、いわゆる「中心極限定理」(Central Limit Theorem) を
用います。

　「中心極限定理」は、『n 個の標本を「母集団」から無作為に抽出
して得られる「標本分布」は、n が大きくなるに従い「正規分布」に
近づく』、という定理です。

　「中心極限定理」で「$N \to \infty$」とすると、ランダム・ウォーク
「$w_N(t)$」の「極限値」が得られますが、次の式が成り立ちます（「$n = 1, , \ldots$」)。

$$x(n) = \frac{k(n) - m\tau}{\sigma\sqrt{\tau}}$$

　これは期待値「1」で分散「1」の独立した等分布の「ランダム変
数」の系列になります。

　「中心極限定理」は、「$n \to \infty$」で、

113

第6章 金融モデル

$$\frac{x(1) + x(2) + ... + x(n)}{\sqrt{n}} \to X$$

を含意します。

なお、「X」は「標準正規分布」(平均「0」、分散「1」) に従う「ランダム変数」です。

ここで、任意の「$t > 0$」を固定します。ランダム・ウォーク「w_N」は離散時間 (ステップ「$\tau = \frac{1}{N}$」の全乗数) のみで定義されるので、「$w_N(t_N)$」(「t_N」は「t」に最も近い「$\frac{1}{N}$」の全乗数) を考えます。

そうすると、次のように書けます。

$$w_N(t_N) = \sqrt{t_N} \frac{x(1) + x(2) + ... + \quad x(Nt_n)}{\sqrt{Nt_n}}.$$

「$N \to \infty$」なので、「$Nt_N \to t$」「$Nt_N \to \infty$」になり、分布は「$w_N(t_N) \to W(t)$」になります (「$W(t) = \sqrt{t}X$」)。

上記の等式は、「$W(t)$」が「正規分布」(平均「0」、分散「t」) に従うことを意味します。

「中心極限定理」に基づくこの議論は、任意の固定した単一の「$t > 0$」について成り立ちます。この結果はすべての「$t > 0$」に拡

〔6.4〕連続時間 市場モデル

張できます。

　なお、極限「$W(t)$」は「ウィナー・プロセス」(Wienner process) または「ブラウン運動」(Brownian motion) と言います。

＊

「ウィナー・プロセス」では、「ランダム・ウォーク」の多くの性質が成り立ちます。たとえば、以下のようなものです。

- 「$W(0 = 0)$」（「$w_N(0) = 0)$」に対応
- 「$E(W(t)) = 0$」（「$E(w_N(t)) = 0$」に対応)
- 「$Var(W(t)) = t$」（「$Var(w_N(t)) = t$」に対応)

　「$W(t)$」と「$w_N(t)$」の重要な違いは、「$W(t)$」はすべての「$t > 0$」で定義されるのに対して、「$w_N(t)$」は離散時間「$t = n/N$」$(n = 0, 1, 2, ...)$ で定義されることです。

　「$S_N(t)$」で「$N \to \infty$」の極限で得られる「価格プロセス」を「$S(t)$」と書くことにします。「$S_N(t)$」は、「近似式」、

$$S_N(t + \frac{1}{N}) - S_N(t)$$
$$\approx \left(m + \frac{1}{2}\sigma^2\right) S_N(t)\frac{1}{N} + \sigma S_N(t)(w_N(t + \frac{1}{N}) - w_N(t))$$

を満足します。

115

第6章　金融モデル

そして、連続時間株価「$S(t)$」は、次の等式を満足します。

$$dS(t) = \left(m + \frac{1}{2}\sigma^2\right)S(t)dt + \sigma S(t)dW(t).$$

ここで、「$dS(t) = S(t+dt) - S(t)$」「$dW(t) = W(t+dt) - W(t))$」は、微小時間区間「dt」における「$S(t)$」「$W(t)$」の増分です。

これら 2 つの式の解の式は、「離散時間」では、

$$S_N(t) = S_N(0)\exp(mt + \sigma w_N(t))$$

になり、「連続時間」では、

$$S(t) = S(0)\exp(mt + \sigma W(t))$$

になります。

「$W(t)$」は平均「0」かつ分散「t」の「正規分布」に従うので、「$\ln S(t)$」は平均「$\ln S(0) + mt$」かつ分散「$\sigma^2 t$」の「正規分布」に従います[1]。

よって、「連続時間」の価格プロセス「$S(t)$」は、いわゆる「対数正規分布」(log normal distribution) に従います。

---

[1]「$\ln x = \log_e x$」は「自然対数」を表わします。

6.5 ブラック=ショールズ方程式

「金融工学」の分野でもっとも特筆すべき結果は、いわゆる「ブラック=ショールズ方程式」(Black-Scholes fromula) です。

その理論は、ブラックとショールズが 1973 年に発表した論文で示されています (Black and Scholes (1973) 参照)[2]。

※なお、「ブラック=ショールズ方程式」は理論的に重要であるだけではなく、「フィンテック」などへの応用の可能性を示唆しており、「金融工学」でもっとも重要な理論の 1 つとされています。

*

「ブラック=ショールズ方程式」は、「デリバティブ」の価格を決定するための「方程式」で、これに基づく「数式モデル」は「ブラック=ショールズ・モデル」(Black-Sholes model) と言います。

※なお、「ブラック=ショールズ方程式」は、「ヨーロピアン・オプション」の「コール」「プット」の価格の「連続時間」における「偏微分方程式」と解釈できます。

ブラックとショールズは、「ブラック=ショールズ方程式」の形式化において、以下の『理想的条件』を仮定しています (Black and Scholes (1973, p. 640)。

---

[2]なお、以下の解説では、「確率論」「偏微分方程式」「確率微分方程式」の知識を前提としています。

第6章　金融モデル

(a) 「短期利率」は既知かつ不変。

(b) 「株価」は、その二乗に比例する「分散」を満たす「連続時間」における「ランダムウォーク」に従う。

(c) 「株」には、「配当」またはその他の「分配」はない。

(d) 「オプション」は「ヨーロピアンタイプ」。

(e) 「株」または「オプション」の売買には、「取引コスト」は発生しない。

(f) 「セキュリティ」の「端株」の購入または保持のために「短期利率」で借りることができる。

(g) 「空売り」にペナルティはない。

---

*

以上の仮定では、「オプション価格」は、「株価」「時間」および既知とされる「変数」のみに依存することになります。

すなわち、上記で説明した「連続時間 市場モデル」が仮定されていると、解釈できます。

「株価」の「連続時間 市場モデル」では、時点「t」における「株価」は式 (1)、

$$(1)\ S(t) = S(0)e^{mt+\sigma W(t)}$$

で記述されます。

〔6.5〕 ブラック=ショールズ方程式

ここで、「$W(t)$」は「ウィナー・プロセス」を表わしています。したがって、(1) は「$S(t)$」が「対数正規分布」に従う、ことを意味しています。

＊

次に、時点「T」で満期でペイオフ「$f(S(T))$」の「ヨーロピアン・オプション」の「株」を考えます。

「離散時間モデル」と同様、時点「0」のオプション価格「$D(0)$」はディスカウントペイオフ「$e^{-rT}f(S(T))$」の「期待値」、

---

(2) $D(0) = E_*(e^{-rT}f(S(T)))$

に等しくなります。

なお、「期待値」はディスカウント株価プロセス「$e^{-rt}S(t)$」を「マーチンゲール」にするリスク中立確率「P_*」におけるものです。

ここで、リスク中立確率「P_*」の必要条件は、「$e^{-rt}S(t)$」の「期待値」が定数になることです。

実際の市場確率「P」を用いて、この「期待値」を計算します。

＊

「$W(t)$」が平均「0」、分散「t」の「正規分布」に従うとすると、確率「P」において「密度」は「$\frac{1}{\sqrt{2\pi t}}e^{-\frac{x^2}{2t}}$」になります。

よって、「期待値」は、以下のように計算されます。

第6章 金融モデル

$$
\begin{aligned}
E(e^{-rt}S(t)) &= S(0)E(e^{\sigma W(t)+(m-r)t}) \\
&= S(0)\int_{-\infty}^{\infty} e^{\sigma x+(m-r)t}\frac{1}{\sqrt{2\pi t}}e^{-\frac{x^2}{2t}}\,dx \\
&= S(0)e^{(m-r+\frac{1}{2}\sigma^2)t}\int_{-\infty}^{\infty}\frac{1}{\sqrt{2\pi t}}e^{-\frac{(x-\sigma t)^2}{2t}}\,dx \\
&= S(0)e^{(m-r+\frac{1}{2}\sigma^2)t}\int_{-\infty}^{\infty}\frac{1}{\sqrt{2\pi t}}e^{-\frac{y^2}{2t}}\,dy \\
&= S(0)e^{(m-r+\frac{1}{2}\sigma^2)t}
\end{aligned}
$$

ここで、「$m+\frac{1}{2}\sigma^2 \neq r$」ならば、期待値「$E(e^{-rt}S(t)) = S(0)e^{(m-r+\frac{1}{2}\sigma^2)t}$」は明らかに「$t$」に依存します。

よって、「$S(t)$」は「P」において「マーチンゲール」になり得ません。

しかし、「P^*」を用いると、指数「$e^{(m-r+\frac{1}{2}\sigma^2)t}$」を除去することができます。

その結果、「t」と独立した対応する期待値「$E_*(e^{rt}S(t))$」が得られます。

なお、「$V(t)$」が「P_*」において「密度」が「$\frac{1}{\sqrt{s\pi t}}e^{-\frac{x^2}{2t}}$」ならば、「正規化」(平均「0」かつ分散「$t$」)を行なうことによって、以下が成り立ちます。

〔6.5〕ブラック＝ショールズ方程式

$$
\begin{aligned}
E_*(e^{-rt}S(t)) &= S(0)E_*(e^{\sigma W(t)+(m-r)t}) \\
&= S(0)E_*(e^{\sigma V(t)-\frac{1}{2}\sigma^2 t}) \\
&= S(0)\int_{-\infty}^{\infty} e^{\sigma x-\frac{1}{2}\sigma^2 t}\frac{1}{\sqrt{2\pi t}}e^{-\frac{x^2}{2t}}\,dx \\
&= S(0)\int_{-\infty}^{\infty} \frac{1}{\sqrt{2\pi t}}e^{-\frac{(x-\sigma t)^2}{2t}}\,dx \\
&= S(0)\int_{-\infty}^{\infty} \frac{1}{\sqrt{2\pi t}}e^{-\frac{(y^2)^2}{2t}}\,dy \\
&= S(0)
\end{aligned}
$$

ここで、「$E_*(e^{rt}S(t))=S(0)$」が時点「t」に依存しないことは、ディスカウント価格プロセス「$e^{rt}S(t)$」が「P_*」で「マーチンゲール」になる必要条件になります。

*

なお、「$e^{rt}S(t)$」が「マーチンゲール」になるには、次のより強い条件、

$$
E_*(e^{-rt}S(t)\mid S(u)) = e^{-ru}S(u)
$$

を、任意の「$t \geq u \geq 0$」について実証する必要があります。

では、時点「T」で権利行使される「株」の「ヨーロピアン・コールオプション」の行使価格「X」を考えます。

*

「オプション価格」の式 (2) を一般化すると、

第6章 金融モデル

$$C^E(0) = E_*(e^{-rT}(S(T) - X)^+)$$

になります。

*

次に、その「期待値」を計算します。

「$V(t) = W(t) + (m - r + \frac{1}{2}\sigma^2)\frac{t}{\sigma}$」$(t \geq 0))$ は「P_*」で「ウィナー・プロセス」になるので、ランダム変数「$V(T) = W(T) + (m - r + \frac{1}{2}\sigma^2)\frac{T}{\sigma}$」は平均「0」分散「$T$」の「正規分布」に従います。

すなわち、「密度」は「$\frac{1}{\sqrt{2\pi T}}e^{-\frac{x^2}{2T}}$」になり、以下の関係が成り立ちます。

$$
\begin{aligned}
C^E(0) &= E_*(e^{-rT}(S(T) - X)^+) \\
&= E_*((S(0)e^{\sigma V(T) - \frac{1}{2}\sigma^2 T} - Xe^{-rT})^+) \\
&= \int_{-d_2\sqrt{T}}^{\infty} (S(0)e^{\sigma x - \frac{1}{2}\sigma^2 T} - Xe^{-rT})\frac{1}{\sqrt{2\pi T}}e^{-\frac{x^2}{2T}}\,dx \\
&= S(0)\int_{-d_1}^{\infty} \frac{1}{\sqrt{2\pi}}e^{-\frac{y^2}{2}}\,dy - Xe^{-rT}\int_{-d_2}^{\infty} \frac{1}{\sqrt{2\pi}}e^{-\frac{y^2}{2}}\,dy \\
&= S(0)N(d_1) - Xe^{-rT}N(d_2)
\end{aligned}
$$

ここで、「d_1」「d_2」は、

〔6.5〕ブラック＝ショールズ方程式

$$
\begin{aligned}
d_1 &= \frac{\ln \frac{S(0)}{X} + (r + \frac{1}{2}\sigma^2)T}{\sigma\sqrt{T}} \\
d_2 &= \frac{\ln \frac{S(0)}{X} + (r - \frac{1}{2}\sigma^2)T}{\sigma\sqrt{T}}
\end{aligned}
$$

になります。

また、「$N(x)$」は、次のように定義される「正規分布関数」です。

$$
N(x) = \int_{-\infty}^{\infty} \frac{1}{\sqrt{2\pi}} e^{-\frac{y^2}{2}} \, dy = \int_{-x}^{\infty} \frac{1}{\sqrt{2\pi}} e^{-\frac{y^2}{2}} \, dy
$$

　以上で得られた式は、有名な「ヨーロピアン・コールオプション」の「ブラック＝ショールズ方程式」です。

＊

　なお、オプション価格を計算する時点「0」の選択は、任意です。
　一般には、「オプション価格」は任意の「$t < T$」で計算されます。その場合には、「オプション」は「$T - t$」で行使されます。

＊

　上記の式で「t」に「0」を「T」に「$T - t$」を代入すると、次の「**定理 6.7**」 が得られます。

123

第6章　金融モデル

［定理 **6.7**］ブラック＝ショールズ方程式
権利行使価格「X」および権利行使日「T」の「ヨーロピアン・コール」の時点「t」($t < T$) の価格は、

$$C^E(t) = S(t)N(d_1) - Xe^{-r(T-t)}N(d_2)$$

になります。

ここで、「d_1」「d_2」は次のようになります。

$$d_1 = \frac{\ln\frac{S(0)}{X} + (r + \frac{1}{2}\sigma^2)(T-t)}{\sigma\sqrt{T-t}}$$

$$d_2 = \frac{\ln\frac{S(0)}{X} + (r - \frac{1}{2}\sigma^2)(T-t)}{\sigma\sqrt{T-t}}$$

「ブラック＝ショールズ方程式」は、「金融工学」のもっとも重要な結果の 1 つで、その功績により、ショールズは 1997 年にノーベル経済学賞を受賞しています。

＊

「ブラック＝ショールズ方程式」は、Black and Scholes (1973, p. 644) では、次のような形で記述されています。

$$w(x,t) = xM(d_1) - ce^{r(t-t^*)}N(d_2)$$

$$d_1 = \frac{\ln x/c + (r + \frac{1}{2}v^2)(t^* - t)}{v\sqrt{t^* - t}}$$

124

〔6.5〕ブラック=ショールズ方程式

$$d_2 = \frac{\ln x/c + (r - \frac{1}{2}v^2)(t^* - t)}{v\sqrt{t^* - t}}$$

これは、「**定理 6.7**」で示した「方程式」と同値になります[3]。

「ブラック=ショールズ方程式」が重要なのは、「オプション価格」を『解析的』な「解」として決定できることにあります。

『解析的』な「解」は、数学上の公式によって求められるものです。

よって、「解析的」な「解」が存在することは、「投資」、特に、「デリバティブ」において非常に重要な意味があります。

なぜなら、「ブラック=ショールズ・モデル」の正当性を数学的に厳密に保証するからです。

もちろん、理論的な問題もあります。

「ブラック=ショールズ方程式」は「ヨーロピアン・オプション」の「コール」を扱うもので、すべての「デリバティブ」に一般化されるものではありません。

また、応用面から言うと、「ブラック=ショールズ方程式」は「偏微分方程式」なので、解析的解法は実装には必ずしも適していません。

すなわち、実装には、数値的解法による近似的な計算が必要になります。

---

[3]なお、記法は彼らのものですが、対応は自明です。

第6章　金融モデル

　この問題は、「量子力学」「流体力学」など他の分野でも指摘されています。そして、「偏微分方程式」の分野で、理論的および応用的に研究されています。

＊

　以上のように、本章では、主な「金融モデル」を解説しました。なお、「離散時間市場モデル」と「連続時間市場モデル」が基本になり、「オプション」の概念を考慮した「オプション・モデル」が形式化されます。

　これらの「金融モデル」は、「金融工学」のあらゆる面で基礎になるものです。そして、さまざまな応用にも利用できます。

　しかし、現在のところ、これらの「金融モデル」が有効に活用されているとは言えません。その理由の１つは、「金融モデル」における「市場」の概念は理想化されているからです。

　また、そのモデル化には、さまざまな数学的概念が用いられており」、実装するのは容易であはありません。

　次章では、最近注目されている「フィンテック」を「金融工学」との関連で紹介します。

第7章 フィンテック

第7章では、「フィンテック」を説明します。
「フィンテック」は、「金融」と「IT技術」を融合した分野で、「金融工学」の手法がさまざまな形で応用されています。
ここでは、「フィンテックの概要」を説明した後。「資産運用」「資金調達」「仮想通貨」を紹介します。

7.1 フィンテックの概要

　最近、世界的に「フィンテック」(Fintech) という分野が注目されていますが、これは「金融工学」のもっとも有用な応用分野と考えられます。

　「フィンテック」(Fintech, FinTech) は、「金融」(Finance) と「技術」(Technology) の融合技術で、今後、世の中の「金融」の仕組みを大きく変えるとも言われています。

　なお、「フィンテック」の「技術」は「**IT**」(Information Technology) が中心になります。すなわち、コンピュータやインターネットに関する技術です。

第7章 フィンテック

「IT」は、現在では、**「ICT」**(Information and Communication Technology) とも言います。

「フィンテック」に対応する技術は、2000 年代前半にはすでにあった、と言えます。

たとえば、「ネットバンキング」「オンライントレード」「金融工学」などがそのような技術に相当します。しかし、「フィンテック」が最近になって注目されるようになった要因は少なくとも 2 つあると考えられます。

1 つは「スマートフォン」の普及とそれを支える「インターネット」に関連する技術の進歩です。もう 1 つは、いわゆる「人工知能」「ビッグデータ」「金融工学」などの最先端技術を応用していることです。

現在、「フィンテック」という言葉のみが大きく踊っていますが、その位置付けははっきりしていません。なぜなら、その技術は多様で、研究段階のものも少なくないからです。

「フィンテック」は、現在、世界的に急速に普及しています。そして、日本政府も「フィンテック」を推進する立場をとっており、日本でも成長する分野の 1 つと考えられています。

したがって、我々は、「フィンテック」について正しく理解する必要があります (赤間 (2017) 参照)。

〔7.1〕フィンテックの概要

「フィンテック」は、さまざまな分野に応用されます。

現在、検討されている分野としては、次のようなものがあります。

- 会計
- 送金と決済
- 資産運用
- 資金調達
- 保険
- 不動産

「会計」は個人および企業レベルで行なわれますが、個人レベルでは口座の入出力から将来の「キャッシュ・フロー」を予測したり、企業レベルでは経営支援に利用されます。

企業会計で使用されるフィンテックの例として、「MF クラウド会計」があります。

「送金と決済」は、「モバイル端末」などによる簡単な「送金・決済」に関するもので、「ビットコイン」「ブロックチェーン」などの新しい技術が用いられています。

モバイル端末による決済サービスの例として、「Apple Pay」があります。

129

第7章　フィンテック

図 7.1　「MF クラウド会計」（biz.moneyforward.com）

「資産運用」は、最適な資産配分や「投資」を提案したり、顧客の融資の可否を短時間に決定したりするもので、「AI」などの最先端技術が用いられています。

「資金調達」は、「インターネット」を利用して多数の人から「資金」を集めるものです。従来まで行なわれてきた金融機関経由の「融資」に比べ、幅広く、より効率的です。

「保険」における「フィンテック」は、新商品の開発、資産管理、顧客サービスなどで応用されています。たとえば、「顧客データ」から最適な保険料を求めるようなことができます。

「不動産」における「フィンテック」は、「不動産業務」「不動産査定」、「不動産売買」などを IT 化するもので、「フィンテック」の

応用分野としては比較新しいものです。

図 7.2　Apple Pay (www.apple.com/jp/apple-pay/)

＊

　上記の応用分野のすべてで「金融工学」の手法が利用されているわけではありませんが、特定の分野では重要な役割を果たしています。次節以降、「金融工学」と深く関連する「フィンテック」の分野を紹介します。

7.2　資産運用

　「**資産運用**」(asset management) は、現在の「資産」を将来的に増やすことです。

　「資産運用」は「資産」を「利益」を出すように管理する、という意味で「資産管理」の一部とも考えられます。

　実際、英語では「資産管理」「資産運用」は両方とも「asset management」と訳されます。

第7章　フィンテック

「資産」は、何もしなければ価値は高くならず、増えません。「資産」を増やすためには、何らかの形で運用しなければいけませんが、運用を間違えると、「資産」が減る「リスク」もあります。

「資産運用」で「金融工学」が応用されるには、いわゆる「**金融資産**」になりますが、主なものには次のようなものがあります。

- 預金
- 株式投資
- 投資信託
- 国債
- 社債
- 外国為替証拠金取引 (**FX**)
- 金投資
- 商品先物取引
- 不動産取引

「**預金**」(deposit) は、もっとも基本的な「資産運用」で、「銀行」などの「金融機関」に現金を預け、その「利子」によって「資産」を増やすものです。

〔7.2〕資産運用

　現在、日本は低金利を採用しているので、「預金」は効率的な「投資」とは言えないかもしれません。

　「**株式投資**」(stock investment) は、「株式会社」の発行する「**株**」(stock) を用いた「投資」です。「株式会社」は、得られた「利益」の一部を「株主」に「配当」として還元します。

　なお、「株式市場」の「株価」である「株式相場」は、社会情勢などの要因によって大きく変動します。
　よって、「株式投資」には「リスク」があります。

　「**投資信託**」(investment trust) は、投資家から集めた「資金」を1つの「ファンド」(基金) にして、「株」「債権」「不動産」などに投資するものです。
　「投資信託」は、「ファンド」をベースに運用されているので、少額の「資金」では投資できないものにも投資できます。そして、その「リスク」は比較的小さいと言えます。

　「**国債**」(government bond) は、国家が発行する「債券」です。日本では、「国債」は「日本銀行」が発券します。「国債」の発行は、国が買い手から金を借りる、すなわち、国の借金を意味します。
　「国債」は、「金融機関」で購入できますが、手数料はどこでも同じになります。また、外国政府が発行する「国債」に投資することもできます。よって、「国債」の「リスク」は小さいと言えます。

133

第7章　フィンテック

　「社債」(corporate bond) は、一般の企業が発行する「債券」です。「社債」は、企業の借金証書で、「社債」を発行する企業は、証券会社を通じて投資家から「資金」を集めます。

　「社債」を購入した投資家は、「利息」を受け取り、満期には「元金」を返済してもらうことができます。よって、その「リスク」は小さいと考えられます。

　「外国為替証拠金取引」(margin foreign exchange trading: FX) は、「外国為替」(すなわち、「外貨」) をリアルタイムに売買するもので、「FX」と省略して言う場合が多いです。

　なお、「FX」は、一定の保証金を担保に取引が行なわれます。「FX」では多様な取引ができますが、その性格上「リスク」は非常に高いと考えられます。

　「金投資」(gold investment) は、貴金属の 1 つである「金」の通貨的および希少的な価値を利用する「投資」です。なお、「金」の他に「銀」「プラチナ」などの貴金属による「投資」も行なわれています。

　「商品先物取引」(commodity futures trading) は、農産物や鉱物などの商品の将来価格を現時点で売買するのを約束する取引で、「先物取引」と省略して言うこともあります。

134

〔7.2〕資産運用

よって、上記の「金投資」も「商品先物取引」の 1 つと考えられます。「商品取引」は、「商品」の特性を把握する必要もあり、「リスク」が高い「投資」です。

「**不動産取引**」(real estate trading) は、「不動産」、すなわち、「土地」「建物」に関する取引です。すなわち、土地、土地付き建物、建物が対象になります。

「不動産取引」は現物ベースの投資である、という点では手堅いものです。しかし、不動産価格は社会情勢などで大きく変動するので、「リスク」もあります。

*

これらの「金融資産」は「リスクあり資産」で、さまざまな要因で資産価値が変動します。

「金融工学」は、「金融資産」の将来的な価値を予測し、いかに運用すべきを理論的に示せます。

もちろん、これらの「投資」には「リスク」があります。現在、「金融工学」はすべてのタイプの「投資」に対応していないので、必ずしも万能とは言えません。

なお、現在、「資産運用」では、「**ビッグデータ**」(Big Data) を活用する必要があります。なぜなら、「ビッグデータ」を利用することで、「金融工学」の手法の精度は向上し、よりよい「資産運用」ができるからです。

第7章 フィンテック

「ビッグデータ」は、『膨大なデータ』とそれらに関する技術の総称です (赤間 (2013) 参照)。そして、「ビッグデータ」は「金融工学」「人工知能」および「インターネット」を中心とする「ICT」と融合し、「フィンテック」の基礎技術を提供しています。

「資産運用」には専門的な知識が要求されるので、一般の投資家は「フィナンシャル・プランナー」などの専門家に任せて「資産運用」を行なう場合が多いのですが、人手がかかるので、手数料がかかります。

しかし、「資産運用」のサービスに「フィンテック」を導入すると、投資会社は人件費を削減できるメリットがあります。また、投資家も手数料を節約できます。

そのような観点から、最近注目されるのが「ロボアドバイザー」(roboadvisor) です。「ロボアドバイザー」は、「ロボット・アドバイザー」の略で、コンピュータによる自動資産運用サービスです。
すなわち、「ロボット」(コンピュータ) が投資専門家の代わりに「資産運用」を行なうものです。

「ロボアドバイザー」では、「資産運用」に関する技術の他に、「人工知能」の技術も必要になります。
なぜなら、「ロボアドバイザー」は「投資専門家」という専門知識

〔7.2〕資産運用

を有する人間の代わりになるべきだからです。

　「人工知能」(Artificial Intelligence: AI) は、人間の知的活動をコンピュータで実現することを研究する分野で長い歴史があります。
　しかし、これら 2 つの技術を統合するのは、必ずしも容易ではありません。また、そのような統合はこれまで充分には研究されていませんでした。

　「ロボアドバイザー」が備えるべき機能は、「ライフプランニング」「資産運用」の 2 つです。「ライフプランニング」は、人生設計に応じた資産計画を立てるもので、人それぞれで異なります。「資産運用」は上記で説明した通りです。

　前者の機能は「人工知能」が応用でき、後者の機能は「金融工学」が応用できます。「ロボアドバイザー」はアメリカで 5 年前くらいから注目されるようになりました。たとえば、**ベターメント** (Betterment) 社は、**ウェルスフロント** (Wealthfront) 社は老舗として知られています。

　そして、現在では、ベンチャーを含む 200 社以上の激しい競争になっています。
　日本では、「お金のデザイン」という会社が 2013 年に「ロボアドバイザー」に参入しました。
　そして、2014 年に一般ユーザー向けサービス「THEO」(テオ) を

第7章　フィンテック

開始しました。

「THEO」では、10万円から手数料1％で投資を行なってくれるので非常に注目されています。その後、「WealthNavi」(ウェルスナビ) や「FIOLIO」(フィオリオ) がサービスを開始しました。

図 7.1　THEO (theo.blue)

また、みずほ銀行は、2015年10月に「**SMART FOLIO**」(スマートフォリオ) を開始しました。

「SMART FOLIO」は、投資プロが活用する投資手法をアドバイスし、7つの質問に答えると、ユーザーのプロファイルに適した「投資信託」を教えてくれます。

また、「FOLIO」は中立的な立場からの「資産運用」についてのアドバイスを行ないます。

したがって、ユーザーは、高品質かつ低コストの運用が可能になります。

〔7.2〕資産運用

図 7.2 SMART FOLIO

　三菱 UFJ 国際投資顧問は、2016 年 3 月に「**PORTSTAR**」(ポートスター) を開始しました。これは、5 つの質問に答えると、ユーザーのプロファイルに適した「投資信託」を教えてくれます。

図 7.3 PORTSTAR (`portstar.mukam.jp/lp/1606lp.html`)

＊

　以上のような「ロボアドバイザー」では、「資産運用」の方法の詳細は明らかにされていませんが、「金融工学」の手法が様々な形で利

第7章　フィンテック

用されていると考えられます。

　なお、「ロボアドバイザー」の現在の対象は、主に「投資信託」ですが、技術的問題に起因していると思われます。そして、今後、投資全般に拡張されると予想されます。

7.3　資金調達

　企業や個人は、活動のための「**資金調達**」(funding, financing) が必要な場合が多くあります。「資金調達」には、「資本」によるものと「他人資本」によるものがありますが、前者は「自己資本」になり、後者は「負債」になります。

　従来、大企業は「株式」を利用して投資家から「資金」を調達していました。しかし、未上場の中小企業やベンチャー企業や個人が「資金調達」を行なうの容易ではありませんでした。

　その理由は、「金融機関」が借り手を厳しく審査するからです。
　したがって、誰もが充分な「資金調達」をできるわけではありませんでした。
　しかし、最近の法改正と「フィンテック」によって、「資金調達」の方法は、非常に多様化しました。

　一般的な「資金調達」の方法は、「**融資**」(loan: ローン) です。「融

140

〔7.3〕資金調達

資」は、「金融機関」や「団体」が「資金」を必要とする人などに「資金」を貸し出すことです。

「金融機関」は、「融資」をすることで、融資先からの「利息」を「利益」として得ることができます。

なお、事情 (たとえば、災害など) を考慮した「利益」を目的にしない「融資」もあります。また、「消費者金融」などの個人に対する融資は「ローン」と言います。カード会社も、カードを用いた個人向けの「融資」を行なっています。

銀行などの「金融機関」は、まず、融資を望む個人や企業をそれぞれの基準で審査します。その結果、条件を満足する場合に「資金」を貸します。ここで、基準としては、「自己資本」「担保」「経営状態」「事業計画」などが含まれます。

よって、中小企業は、容易に「融資」を受けることはできません。実際、近年のような不況下では、「金融機関」の「貸し渋り」が増加し、倒産した中小企業も少なくありません。

「融資」を受けた側は、法律上では、貸し手の「金融機関」などに「元本」と「利息」を返済しなくてはいけません。すなわち、「金融機関」(債権者者) は借り手 (債務者) から「元本」と「利息」を回収します。

第7章　フィンテック

　返済は、決められた返済日に定められた返済方法でお金を払います。返済方法には、各返済日に同額の金額を払う「元利均等返済」や、各返済日に同額の金額の「元本」と「利息」を払う「元金均等返済」などがあります。

　「融資」における「利息」の割合は、「金利」(interest) と言います。「金利」は、返済方法によって異なります。「金利」の上限は「上限金利」と言い、2006 年の貸金業法の改正で、年利 20 ％ になりました。

＊

　以上のように、「融資」のハードルは高いので、資金力が低い個人や中小企業が多額の「融資」を受けるのは極めて難しいと考えられます。実際、「融資」の審査は厳しく行なわれます。

　そして、「融資」の「金利」は低くありません。よって、充分な資金力がない個人や企業が新規事業などの参入を行なう際の大きな障害になっています。

【ソーシャル・レンディング】

　「フィンテック」では、さまざまな形態の「融資」が注目されています。

　「ソーシャル・レンディング」(Social Lending) は、「インターネット」を通じて借り手と貸し手を結びつける仲介サービスで、「**P2P レンディング**」(P2P Lending) と言うこともあります。

〔7.3〕資金調達

グ」の一種である「投資型クラウドファンディング」に分類される
こともあります。

　「ソーシャル・レンディング」の市場は年々拡大しており、「資産
運用」の１つとしても注目されています。
　その利点は、まず、「預金」などの他の「資産運用」よりも利率が
良いことです。
　また、少額から投資でき、分散投資の１つとして利用できます。
　そして、「株」などの「金融商品」と違い、市場の動向の影響が小
さい、という特徴があります。さらに、投資条件によっては毎月配
当を得られます。

　したがって、「ソーシャル・レンディング」は、銀行などの「融資」
ではカバーできない顧客が利用できます。
　すなわち、新しい形態の「融資」と解釈できます。
*
　一方、欠点としては、元本が保証されません。
　すなわち、状況によって元本割れする「リスク」があります。
　また、貸付先と「ソーシャルレンディング」の会社が倒産する「リ
スク」があります。

　実際、「ソーシャル・レンディング」の顧客は「クレジットカード」
の借り換えで「ソーシャル・レンディング」を利用する人も多いの

143

第7章　フィンテック

が実態です。

すなわち、「ソーシャル・レンディング」は多重債務者の抜け道になっており、今後、社会問題化する可能性があります。

「クレジットカード」による「融資」には、当然、上限があります。

融資限度額いっぱいの「融資」を受けた人は、他の手段の 1 つである「ソーシャル・レンディング」を利用する傾向にあります。

しかし、経済状況が悪化すれば、大きな「リスク」になる可能性もあります。

＊

現在、世界的には、次のような「ソーシャル・レンディング」のサービスが知られています。

- Zopa

- Prosper

- Lending Club

「Zopa」(ゾーパ) は、2005 年に、イギリスの「Zopa」が個人同士の「融資」ができるサービスを世界で初めて開始しましたが、これが「ソーシャルレンディング」の始まりと考えられます。日本にも進出しましたが、2015 年には撤退しました。

「Zopa」は、ロンドンのインターネット銀行「egg」の出身者によって設立されました。そして、現在、ヨーロッパ最大規模になっています。

〔7.3〕資金調達

　信用情報などを用い、借り手を審査し、貸付額と金利を決定します。そして、貸し手と借り手の両方から貸付額の 0.5% の手数料を利益として受け取ります。

図 7.4　Zopa (www.zopa.com)

　「**Prosper**」(プロスパー) は、アメリカで 2005 年にサービスを開始した「ソーシャル・レンディング」です。
　「Prosper」は、現在、アメリカでは、最大規模の「ソーシャル・レンディング」に成長しました。

　基本的なサービスは「Zopa」と同じですが、手数料が借り手が貸付額の 1 − 2%、貸し手が貸付額の 0.5 − 1% になっています。
　借り手の「希望金額」「クレジットスコア」「過去の返済履歴」などで審査が行なわれます。

第7章　フィンテック

図 7.7　Prosper (www.prosper.com)

「**Lending Club**」は、2007 年に創業したアメリカの「ソーシャル・レンディング」です。

「Lending Club」は、「ソーシャル・レンディング」の最大大手で、2014 年にニューヨーク証券取引所に上場しました。

現在、「Lennding Club」のサービスは、アメリカ国内に限定されています。顧客は、現在の資産状況、負債状況などから 35 段階に分類され審査されます。なお、1,000 – 35,000 ドルの融資が受けられます。

〔7.3〕資金調達

図 7.6　Lending Club (www.lendingclub.com)

　日本では、2008 年に「maneo」(マネオ) が最初に「ソーシャル・レンディング」に参入しました。

　「maneo」は、「インターネットオークション」と「SNS」を利用し、「融資」の仲介を行ないます。

　借り手は、日本在住の 20 歳以上 60 歳未満で、税込み年収 300 万以上に限定されています。

　そして、審査の結果、10 万円以上 200 万円未満の「融資」が受けられます。

　その後、2013 年に「クラウドバンキング」が参入しました。また、2014 年には「ラッキーバンク」が、2015 年には「トラストファイナンス」が創業しており、今後もサービスを提供する会社が増えると予想されます。

＊

　「ソーシャル・レンディング」は、新しいタイプの「融資」で、既存の「金融機関」の「融資」とは異なる多くの側面があります。よって、

第7章　フィンテック

図 7.7　maneo (www.maneo.jp)

個人や中小企業の事業のチャンスを拡大するものと考えられます。

しかし、日本では、「賃金法」などでの登録が必要である、などの問題もあります。したがって、今後、その市場が大きく伸びるかどうかは不明です。

【クラウドファンディング】

「クラウドファンディング」(crowdfunding) は、事業などの目的で、インターネット上で多くの人から「資金」を調達するサービスで、「ソーシャルファンディング」とも言います。

「クラウドファンディング」は、「ベンチャー企業の起業」「研究」「政治」「映画」などの多目的に利用されています。

*

「クラウドファンディング」は、出資者に対する「見返り」の形態によって、次の 3 種類に分類されます。

〔7.3〕資金調達

- 投資型クラウドファンディング
- 寄付型クラウドファンディング
- 購入型クラウドファンディング

「投資型クラウドファンディング」は、見返りが金銭である「クラウドファンディング」です。なお、「投資」のタイプによって、「融資型」「株式型」「ファンド型」に細分類されます。

なお、「ソーシャルレンディング」は「融資」が見返りになるので「融資型」に対応しますが、「クラウドファンディング」の大部分はこれになります。「株式型」「ファンド型」は、それぞれ、見返りが「株式」「ファンド」になります。

「株式型」では、未上場企業に投資できるという利点があります。しかし、「株式相場」に関する「リスク」もあります。また、「ファンド型」では、特定の事業者に出資できますが、事業の成否に関する「リスク」があります。

「寄付型クラウドファンディング」は、寄付の形で「出資」を行なう「クラウドファンディング」です。したがって、「寄付型クラウドファンディング」では、見返りはありません。

「寄付型クラウドファンディング」は、慈善事業や災害復興事業などでしばしば利用され、社会貢献に役立っています。通常の寄付とは違い、事業の進行状況などが出資者に報告される、という特徴があります。

第7章 フィンテック

　たとえば、2012年には、「トラストバンク」が運営する「ふるさと納税ポータルサイト」では、自治体への「寄付型クラウドファンディング」であるガバメントクラウドファンディング「ふるさとチョイス」を行なっています。

　「ガバメントクラウドファンディング」は、政府(自治体)が行なう「クラウドファンディング」で、すべての寄附が「ふるさと納税」の対象になります。よって、すべて自治体のため、安心して参加できます。

図 7.8　ふるさとチョイス (www.furusato-tax.jp/gcf)

　「**購入型クラウドファンディング**」は、出資の見返りが金銭以外のサービスや商品になる「クラウドファンディング」です。「出資」によって事業が成功すると、出資者は事業に関連するサービスを受けます。

　「購入型クラウドファンディング」は、日本では、かなり普及している形の「クラウドファンディング」で、「映画制作」「アイドル応援」「ソフトウェア開発」などに利用されています。しかし、実際のサービスを受けるまで時間がかかることもあります。

(7.3) 資金調達

　たとえば、2011 年にサービスを開始した「**MotionGallery**」は、「映画」「音楽」「アート」「出版」などのクリエイティブ系プロジェクトのための「購入型クラウドファンディング」です。500 円からの「出資」が可能ですが、出資額の 10% の手数料がかかります。

　「MotionGallery」は、創造的な社会を作り上げる活動すべてがアートである、というビジョンを具体化する「クラウドファンディング」の「プラットフォーム」です。そして、さまざまなクリエイティブ活動をスタートさせる新しい形として活用されています。

図 7.9　MotionGallery (`motion-gallery.net`)

＊

　「クラウドファンディング」の利点としては、まず、事業者が「金融機関」に頼らないで多額の資金を不特定多数の人から集められることが挙げられます。もちろん、事業の内容が魅力的でなければ必要な資金は集まりません。

　「投資型」「購入型」では、見返りの内容、すなわち、配当、商品、

第7章　フィン

サービスなどがポイントになります。また、「寄付型」では、事業の内容や達成などが必要になります。

　出資者の立場からすると、「クラウドファンディング」は「株式」などの既存の「金融商品」にないサービスが得られます。出資者にとっては、そのようなサービスが大きな魅力になります。

　また、「クラウドファンディング」は、「金融機関」の商品とは違い、手数料がかからず、投資額が少額なので「金利」の面で有利になります。

　さらに、少額からの投資が容易にできます。そして、事業への共感などが得られる可能性があります。すなわち、見返りは配当などの金銭面以外のものになります。

＊

　「クラウドファンディング」の欠点としては、まず、「資金」を調達する事業者が集めた資金を有効的に活用しない可能性があります。

　投資者は、事業者の動向を注視する必要があります。

　なお、「投資型」では、見返りである「配当」が思うように得られない場合、「元金」が戻ってこない場合があります。このような場合は、会社が成長していない、ことを意味しています。

　また、「購入型」「寄付型」では、事業そのものが思い通りに進行しないことがしばしばあります。そのような場合、見返りを受けられなかったり、受けるのに時間がかかります。

〔7.4〕仮想通貨

＊

「クラウドファンディング」では、一旦出資すると、その出資金は基本的に返ってきません。また、事業が失敗したり、途中で当初とは異なる形になって、出資者の意図と違う状況になることもあります。

そして、「クラウドファンディング」を運営する会社の問題があります。そのような会社では、資金の扱いがずさんな場合もあります。また、多様な「クラウドファンディング」があるので、さまざまなトラブルが発生することもあります。

＊

以上のように、「フィンテック」では、「資産運用」「資産調達」を中心に新しい「金融」を提供しています。

したがって、「フィンテック」の事業者の参入も多くなり、競争も激しくなっています。

フィンテック事業者の適正な経営のためには、「プライシング」の手法を用い企業価値を正しく評価する必要があります。

7.4　仮想通貨

「仮想通貨」(virtual currency) は、インターネット上で流通する仮想的な「通貨」ですが、最近では、「フィンテック」で大きな役割を果たしています。代表的な「仮想通貨」としては、「ビットコイン」(Bitcoin: BTC) があります。

第7章　フィンテック

　「ビットコイン」は、2009 年にサービスが開始されたインターネット上の「暗号」を用いた「仮想通貨」です。その基本的な考え方は、2008 年に中本哲史 (Satoshi Nakamoto) によって提案されました (Nakamoto (2008), 赤間 (2017) 参照)。

　中本は、インターネット上の信頼をベースにしない従来と異なる方法で「電子取引システム」とその「仮想通貨」、すなわち、「ビットコイン」を提案しました。
　そして、「ビットコイン」の「モデル」で重要な役割を果たすのは、いわゆる「**ブロックチェーン**」(blockchain) です。

　「ビットコイン」は、「ピア・ツー・ピア (peer to peer: P2P) 型」の暗号通貨と解釈されます。「P2P 型ネットワーク」は、対等な複数の端末を接続したネットワークで、「インターネット」に接続された多数の端末は「P2P 型ネットワーク」を形成します。

　「ビットコイン」の通貨単位は、「ビットコイン」(BTC) です。2018 年 4 月 1 日現在、「1 BIC = 715,701.00 円」で取引されています。「ビットコイン」では、通貨の発行および取引は、すべて「P2P 型のネットワーク」上で行なわれます。
　そして、そのすべての取引履歴は、「ブロックチェーン」という台帳の機能をもつものに記録されます。

　「ビットコイン」の利点は、すべての取引をインターネット上で

〔7.4〕仮想通貨

行なえることです。

また、「クレジットカード」に比べ取引手数料が低いことがあります。この点は、国際取引などでは大きな利点になります。

＊

しかし、現在、多くの問題も指摘されています。

まず、安全性の問題です。

多くのビットコイン事業者の「ビットコイン」が消失した、という事件が全世界的に多発しています。

また、資金洗浄や殺人事件も発生しています。

＊

また、「ビットコイン」の相場は非常に激しく動く場合もあり、「通貨」ではなく投機的な「投資」として利用される傾向が強くなっています。したがって、今後、ハイリスク・ハイリターンの「投資」として問題化する可能性もあります。

そして、中国などの一部の国では、「ビットコイン」を規制する動きがあります。

実際、中国では、「ビットコイン」の取引所が閉鎖され、実質上取引できないようになっています。これは、世界的に大きな影響を与えることになります。

さらに、当初は統一的な「仮想通貨」になると思われていた「ビットコイン」ですが、その後、いくつかの類似した「仮想通貨」も流通するようになりました。　したがって、「ビットコイン」の当初の

155

第7章　フィンテック

理念が順調に実現されるかは不確実になりました。

　日本でも「ビットコイン」は非常に注目されており、多くの取引業者があります。日本では、法整備を含めた対応は完全でないのが現状です。

　以上から、「フィンテック」の要になると思われていた「ビットコイン」の今後は不透明になっています。

＊

　本章では、「フィンテック」の概要を説明しました。「フィンテック」は今後の「金融」を良い意味でも、悪い意味でも変えることになるでしょう。

　「フィンテック」の一部では、「金融工学」が応用されており、将来的には、もっとも有用な応用分野になると考えられます。

Memo

〔7.4〕仮想通貨

姉妹書紹介

フィンテック入門

■赤間　世紀　■A5版・約170頁　■本体1800円

■第1章　序論
フィンテックとは / 歴史 / 応用分野 / 関連分野

■第2章　会計
家計管理 / 企業会計 / 経営支援

■第3章　送金と決済
送金 / 決済 / モバイル端末 / 電子マネー / ビットコイン / ブロックチェーン

■第4章　資産運用
資産運用 / ビッグデータ / ロボ・アドバイザー

■第5章　資金調達
融資 / ソーシャル・レンディング / クラウドファンディング / クラウド・ソーシング

■第6章　保険
新商品 / 資産管理とリスク管理 / 顧客サービスと顧客獲得

■第7章　不動産
不動産業務 / 不動産査定 / 不動産売買

■第8章　まとめ
ビジネス・モデル / 問題点 / 新技術

第8章

まとめ

第8章では、まとめとして「金融工学」の現在と今後に突いて議論します。ここでは、「現在の状況」を評価し、「今後の可能性」を展望します。

8.1 現在の状況

　「金融工学」の歴史は、他の工学分野と比較して短いものです。『工学』という名称がついていますが、内容的には**数学**に近い分野です。

　よって、「金融工学」は理論的には難解と考えられています。

　「金融工学」の画期的な成果としては、有名な「ブラック＝ショールズ方程式」が挙げられます。それに加え、「MM 理論」「CAMP」が「金融工学」の骨格になっています。

　1990 年代以降、コンピュータの性能の向上で、「金融工学」の応用が検討されるようになりました。

　特に、最近では「フィンテック」が流行し、「金融工学」がその手

〔8.1〕現在の状況

法として注目されています。

　しかし、「金融工学」の従来の成果からすると、画期的な応用ができる段階にはないと考えられます。

　実際、もっとも特筆すべき成果である「ブラック＝ショールズ方程式」でさえ、応用は、現状では、限定的です。

　本書でくわしく説明しなかった「金融工学」の事項としては以下のようなものがあります。

- リスク管理

- キャッシュフロー評価

- 保険

- 不動産

　「金融」の世界では、様々な「リスク」を考慮して投資をする必要があります。

　このような「リスク」を最小限にするのが「**リスク管理**」(risk management) です。**第 5 章**で説明したように、「資産」には「リスクあり 資産」があります。

　「リスク」は「金融」のさまざまなレベルでモデル化できます。

　本書では、「市場」を出発点として議論してきましたが、別の観点から「リスク」を考えることもできます。

　たとえば、「金利」の「リスク」のモデル、すなわち、「**金利モデル**」(interest rate model) を考えることもできます。もちろん、その

159

第8章　まとめ

基礎は「統計的プロセス」になります (Brigo and Mercurio (2006) 参照)。

「キャッシュフロー評価」(cash flow evaluation) は、企業価値を産出する方法で、「金融工学」が応用できます。

「キャッシュフロー」とはお金の流れ、すなわち、流入するお金 (収入) と流出するお金 (支出) の総称です。

企業価値は、その事業と資産の「キャッシュフロー」から総合的に評価されます。

すなわち、現在の資産価値と事業によって将来得られる価値の総和になります。しかし、これらの算出法は無数にあり、その選択が重要になります。

よって、「金融工学」で研究されているある「モデル」をベースに「キャッシュフロー評価」を行なうのは、有益と思われます。

なぜなら、「キャッシュフロー」を理論的に検証でき、企業価値を算出できるからです。

それによって、経営者は正しい経営戦略を立てることができ、投資家は有望な企業に関連する「金融商品」を選択できます。

「保険」(insurance) は、災害、事故、病気などによる財産的損失を保障するもので、「リスクあり」の「金融商品」と考えられます。

保険会社は、「保険」の提供のために「資産管理」と「リスク管理」

〔8.1〕現在の状況

を行なう必要があります。

　保険会社の「資産」は、「保険契約」とその他の保有する「資産」になります。実際には、後者を運用して「資産」を増やします。また、保険を引き受けることによる「リスク」を最小化し、保険会社の経営を安定させなければいけません。

　「資産管理」における「資産運用」や「リスク管理」には、「金融工学」の手法が応用できます。さらに、「フィンテック」を利用することで、これらの応用を効率化できる、と考えられます。

　たとえば、「**日本生命**」のホームページでは、「契約内容の確認」「保険金・給付金の受け取り請求」「住所・電話番号の変更」などの手続きができるようになっています。これらの手続きは、従来、手間のかかるものでしたが、「フィンテック」で手間は省けるようになりました。

　「**不動産**」(real estate) も「金融商品」と考えれますが、「金融工学」の応用分野です。
　「不動産」も「株」などと同様に価値が変動しますが、変動の要因が根本的に異なると考えられます。
　「不動産」の価値は、「立地」「広さ」「築年数」「利便性」などの要因で決まりますが、投資のためにはこれらを考慮しなくてはいけません。また、不動産業務としては「売買」「査定」「仲介」などが

161

第8章 まとめ

あります。

図 8.1 日本生命 (www.nissay.co.jp)

*

以上から、「不動産」も「金融工学」「フィンテック」の応用分野と考えられ、最近注目されています。実際、不動産業界は「**不動産テック**」(real estate tech: リアルエステートテック) という形態を推進しようとしています。

日本における不動産テックの例として、「アセンシャス」が2014年に開始した不動産仲介サービス 「**Nomad**」（ノマド）があります。

*

「フィンテック」の普及によって、「金融工学」は改めて見直されています。さらに、「フィンテック」の派生分野として、「**アドテック**」(AdTech)、「**アグリテック**」(AgriTech)、「**エジュテック**」(EduTech)、「**ヘルステック**」(HealthTech) などがあります。

〔8.1〕現在の状況

図 8.2 Nomad (nomad-a.jp)

ここで、「アドテック」は「広告」、「アグリテック」は「農業」、「エジュテック」は「教育」、「ヘルステック」は「教育」を扱います。

「アドテック」の例として、2000年にマーケティング活動全般を自動化する「マーケット・オートメーション」に焦点を当てたサービスを提供している「シャノン」、「アグリテック」の例として、2014年に創業し、「クラウド」を用いた「牧場管理システム」を提供している「ファームノート」があります。

これらの派生分野の対象は、広義の「金融商品」と解釈できるので、「金融工学」の手法が応用できます。したがって、「金融工学」の新たな可能性を開く可能性があります。

第8章 まとめ

図 8.3 シャノン (shanon.co.jp)

8.2 今後の可能性

「金融工学」ではさまざまな手法が研究されており、理論的および応用的に、今後大きな可能性があります。以下では、それらのいくつかを簡潔に紹介します。

「オプション価格」を解析的に決定するのは、もっとも重要な課題です。「ブラック＝ショールズ方程式」はその 1 つの理論ですが、この路線を拡張する必要があります。

しかし、たとえ「オプション価格」の理論が確立されたとしても、その応用には大きな障害があります。

実際の応用のためには、「オプション価格」を計算する近似的手法、すなわち、「**数値計算**」(arithmetic computation) を用いなければいけません。

〔8.2〕今後の可能性

図 8.4　ファームノート (farmnote.com)

　しかし、要求されるのは「偏微分方程式」の「数値計算」で、必ずしも容易ではありません。

　「金融工学」の理論的研究のベースは「確率論」です。よって、応用においては『多量の』データを処理することで予測などの精度を向上することができます。

　そこで重要になるのが「ビッグデータ」(Big Data) です (赤間 (2014) 参照)。「ビッグデータ」では、多量のみならず多様なデータが扱われます。したがって、「ビッグデータ」の手法を多角的に「金融工学」へ応用することは有意義なことです。
　さらに、超高速計算が可能になれば、銀行や証券会社などは、より良いサービスを提供できると思われます。この観点から有望と考えられるのが「量子コンピューティング」(quantum computing) です (赤間 (2010), Akama (2015) 参照)。

第8章　まとめ

　「量子コンピューティング」は、原子レベルの振る舞いを形式化する「**量子力学**」(quantum mechanics) に基づく「ICT」技術です。近年、その実用化が進んでいます。

　「量子力学」の「基礎方程式」である「シュレーディンガー方程式」は「偏微分方程式」であり、ある意味で「ブラック＝ショールズ方程式」などの「オプション」の「基礎方程式」との類似性があります。この事実は、量子力学的手法を「金融工学」に適用できる可能性がある、ことを意味します。

　したがって、「量子コンピューティング」で実現可能な「超高速計算」「暗号化」などは、「金融工学」の理論的および応用的研究に関連付けれる、と考えられます。

　実際、最近では、「**量子ファイナンス**」(quantum finance) という分野の研究も行なわれています (Baaquie (2004) 参照)。

　そして、「量子コンピュータ」の実用化とともに、今後、「量子ファイナンス」の重要性は、さらに高くなる、と考えられます。

＊

　さて、「金融工学」の基礎として他の理論を利用する可能性もあります。

　まず、「**オペレーションズ・リサーチ**」(Operations Research: OR) は別の理論的ベースになります。

　「金融工学」の１つの目的は「投資」において利益をいかに得るかですが、これは「OR」で研究されている「最適化」と同様の考えです。

〔8.2〕今後の可能性

したがって、「OR」のいくつかの理論を「金融工学」に応用できます。

「資産負債総合管理」(asset liability management: ALM) は、あらゆる「リスク」を考量した、「OR」を応用した資産および負債を総合的に管理するものです。

「ALM」は、1990 年代以降活発に研究されています (Fabozzi and Konishi (1995) 参照)。

「ALM」は、特に銀行などの金融機関の「リスク管理」に有効と考えられます。

次に注目されるのは、「人工知能」(Artificial Intelligence: AI) です。「人工知能」は人間の知的活動をコンピュータで実現させる分野で 1950 長い年代から研究されています (赤間 (2012) 参照)。「金融工学」で対象となる「投資」は知的活動 (またはゲーム) と解釈できます。

「人工知能」の一分野である「学習」(learning) は「金融工学」に深く関連します。そして、近年、その有効性が実証されている「ディープラーニング」(deep learning: 深層学習) は「投資」の精度を向上させ。新しい発展を生むとも考えられます。

また、「金融工学」で重要とされる「不確実性」の概念は、「人工知能」などで人間に近い立場で研究されています。そのような分野

第8章　まとめ

は総称して「ソフトコンピューティング」(soft computing) と言います。

　たとえば、『あいまいな情報』は「ファジー集合理論」(fuzzy set theory) で研究されています (Zadeh (1965, 1976) 参照)。「ファジー理論」には、工学分野で多くの応用事例があります。

　また、『粗い情報』は「ラフ集合理論」(rough set theory) でも、異なる観点で研究されています (Pawlak (1982, 1991), Akama, Murai and Kudo (2018) 参照)。
　現在、「ラフ集合理論」は「データマイニング」「知識獲得」などの分野に応用されています。

＊

　以上のように、「金融工学」にはさまざまな理論的可能性があります。また、さらなる理論的可能性も検討すべきです。今後、それらが充分研究されれば、「金融工学」は大きく進歩する、と考えられます。

　しかし、関連分野自体は確立されたとしても、それをいかに「金融工学」に応用するかは別問題です。
　また、「金融工学」は実際の「金融」の問題を扱うので、実装を考慮した研究も必要です。
　いずれにしても、「金融工学」の今後の全般的な発展が期待されます。

参考文献

参考文献

[1]　赤間世紀: 量子コンピューティングがわかる本, 工学社, 2010.

[2]　赤間世紀: 人工知能教科書, 工学社, 2012.

[3]　赤間世紀:「R」ではじめる統計, 工学社, 2013.

[4]　赤間世紀: ビッグデータがわかる本, 工学社, 2014.

[5]　赤間世紀: フィンテック入門, 工学社, 2017.

[6]　赤間世紀, 宮本定明: ソフトコンピューティングのロジック, 工学社, 2008.

[7]　Akama, S.:*Elements of Quantum Computing*, Springer, Heidelberg, 2015.

[8]　Akama, S., Murai, T. and Kudo, Y.: *Reasoning with Rough Sets*, Springer, Heidelberg, 2018.

[9]　Baaquie, B.: *Quantum Finance*, Cambridge University Press, Cambridge, 2004.

[10]　Black, F. and Scholes, M.: *The pricing of options and corporate liability*, The Journal of Political Economy, 81, 637-654, 1973.

[11]　Brigo, D. and Mercurio, F.: *Interest Rate Model*, Springer, Berlin, 2006.

[12]　Fabozzi, F. and Konishi, A. (eds.): *The Handbook of Asset/Liability Management*, Revised Edition, McGraw-Hill, New York, 1995.

[13]　Markowitz, H.: *Portfolio selection*, The Journal of Finance, 7, 77-91, 1952.

[14]　Modiliani, F. and Miller, M.: *Corporate incoming taxes and the theory of investment*, American Economic Review, 48, 261-197, 1958.

[15]　Nakamoto, S.: *Bitcoin: A peer-to-peer electoronic Cash system*, 2009.

参考文献

[16] Pawlak, Z.: *Rough sets*, International Journal of Computer and Infromation Science 11, 341-356, 1982.

[17] Pawlak, Z.: *Rough Sets*, Kluwer, Dordrecht, 1991.

[18] Sharp, W.: *Mutual fund performance*, Journal of Business, 39, 119-138, 1966.

[19] Zadeh, L.: *Fuzzy sets*, Information and Comntrol, 8, 338-353, 1965.

[20] Zadeh, L.:*Fuzzy sets as a basis for a theory of possibility*, Fuzzy Sets and Systems, 1, 3-28, 1976.

[21] Zopa: www.zopa.com

[22] Prosper: www.prosper.com

[23] Lending Club: www.lendingclub.com

[24] maneo: www.maneo.jp

[25] ふるさとチョイス: www.furusato-tax.jp/gcf

[26] MotionGallery: motion-gallery.net

[27] THEO: theo.blue

[28] SMART FOLIO: fund.www.mizuhobank.co.jp/webasp/mizuho-bk/simu

[29] PORTSTAR: portstar.mukam.jp/lp/1606lp.html

[30] MFクラウド会計: biz.moneyforward.com

[31] Apple Pay: www.apple.com/jp/apple-pay/

[32] 日本生命: www.nissay.co.jp

[33] Nomad: nomad-a.jp

[34] シャノン: shanon.co.jp

[35] ファームノート: farmnote.com

索 引

索 引

五十音順

《あ行》

あ アグリテック･････････････････････････162
　アドテック･･････････････････････････162
　アメリカン・タイプ････････････････････40
い インターバンク市場････････････････････28
　インフレ････････････････････････････33
う ウィナー・プロセス･･････････････････115
　ウェルスフロント････････････････････137
え エジュテック･･･････････････････････162
お オフバランス取引･･････････････････････45
　オプション取引･･･････････････････････39
　オペレーション･･･････････････････････35
　オペレーションズ・リサーチ････････････166
　オープン市場･････････････････････････29

《か行》

か 確率論････････････････････････････････19
　仮想通貨･･････････････････････････153
　株･･･････････････････････････････133
　株価･･･････････････････････････････37
　株価指数先物取引････････････････････････47
　株式･･･････････････････････････････36
　株式市場･･････････････････････････････30
　株式投資･･････････････････････････133
　空売り･･････････････････････････････55
　為替･･･････････････････････････････37
　為替レート･･･････････････････････････37
　間接金融･･････････････････････････････25
　外国為替証拠金取引･･･････････････････134
　学習･･････････････････････････････167
　元金均等返済･･････････････････････････142
　元利均等返済･･････････････････････････142
き 企業価値の評価････････････････････････16
　企業金融論･･････････････････････････19
　規制金利･･････････････････････････････32
　期待リターン･･････････････････････････74
　寄付型クラウドファンディング･･･････････149
　キャッシュフロー評価･････････････････160
　許容的･･････････････････････････56, 89
　金投資･････････････････････････････134
　金融･･･････････････････････････････21
　金融緩和･･････････････････････････････34
　金融機関･･････････････････････････････24
　金融工学･･････････････････････････････7
　金融市場･･････････････････････････････27
　金融政策･･････････････････････････････33
　金融引き締め･･････････････････････････34
　金利････････････････････････････31, 142
　金利スワップ･････････････････････････42
　金利モデル･･････････････････････････159
　銀行･･･････････････････････････････26
く クーポン・スワップ････････････････････44
　クラウドファンディング･･･････････････148
け 経済･･･････････････････････････････23
　経済学･･････････････････････････････18
　現代ポートフォリオ理論････････････････9
こ 公共債･･････････････････････････････30
　公社債･･････････････････････････････30
　公社債市場･･･････････････････････････30
　公定歩合･･････････････････････････････32

　購入型クラウドファンディング･････････150
　国債･･･････････････････････････30, 133
　コンピュータサイエンス････････････････19
　コール･････････････････････････････39
　コール市場･･･････････････････････････28

《さ行》

さ 債券･･･････････････････････････30, 37
　債券先物取引･･････････････････････････47
　先物価格･･････････････････････････････94
　先物契約･･････････････････････････････94
　先物取引･･････････････････････････････46
　さや取引･･････････････････････････････57
　三項木モデル･････････････････････････81
し 資金調達･･････････････････････････139
　資産･･･････････････････････････････65
　資産運用･･････････････････････････130
　資産価格の基本定理････････････････････92
　資産負債総合管理･･･････････････････167
　市場デリバティブ･･･････････････････････39
　市場モデル････････････････････････････50
　支払い能力････････････････････････56, 84
　社債･･････････････････････････30, 133
　シャノン････････････････････････････163
　シャープ・レシオ････････････････････････12
　証券会社･･････････････････････････････27
　証拠金制度･･･････････････････････････48
　商品先物取引･･････････････････････46, 134
　信託銀行･･････････････････････････････26
　信用金庫･･････････････････････････････26
　信用組合･･････････････････････････････27
　自己投資的･･･････････････････････････87
　自由金利･･････････････････････････････32
　上限金利･･････････････････････････142
　人工知能････････････････････････137, 167
す 数値計算･･････････････････････････164
　スワップ取引･････････････････････････42
せ 整徐性･･････････････････････････････55
　成長率･･････････････････････････････67
そ ソフトコンピューティング･･･････････168
　ソーシャル・レンディング･････････････142

《た行》

た 対称的ランダム・ウォーク･･････････････110
　対数正規分布･････････････････････････116
　対数リターン･････････････････････････107
　短期金融市場･････････････････････････28
　短期的立場････････････････････････････56
　単純市場モデル････････････････････････50
　単利･･･････････････････････････････67
ち 地方銀行･･････････････････････････････26
　中心極限定理･････････････････････････113
　長期金融市場･････････････････････････28
　長期信用銀行･････････････････････････26
　長期的立場････････････････････････････56
　直接金融･･････････････････････････････25
つ 通貨供給量････････････････････････････33
　通貨スワップ･････････････････････････43
て 手形売買市場･････････････････････････29
　店頭デリバティブ･････････････････････39
　ディスカウント係数････････････････････68
　ディープラーニング･････････････････167

索引

デフレ 33
デリバティブ 16, 36
と 東京ドル・コール市場 29
統計学 19
投資 16
投資型クラウドファンディング 149
投資信託 133
投資戦略 85
投資理論 19
都市銀行 26

《な行》
に 二項木モデル 74
日本生命 161
ね 年利 31
の 納期 94
ノックアウト 45
ノックイン 45
ノンバンク 27

《は行》
ひ 非さや取引原理 57
標準物 47
ビッグデータ 135, 165
ビットコイン 153
ふ ファイナンス理論 18
ファジー集合理論 168
ファームノート 163
フィンテック 7, 17, 127
複利 67
不動産 161
不動産テック 162
不動産取引 135
ふるさとチョイス 150
ブラウン運動 115
ブラック＝ショールズ方程式 117
ブラック＝ショールズ・モデル 117
プット 39
プライシング 17
プレミア 40
へ 平均＝分散理論 10
ベターメント 137
ヘルステック 162
ほ 保険 160
保険会社 27
ポートフォリオ 53, 85

《ま行》
ま マクロ経済学 18
マーチンゲール 93
マーチンゲール確率 81
マーチンゲール性 81
み ミクロ経済学 18

《や行》
ゆ 融資 140
よ 預金 132
予想的 87
ヨーロピアン・タイプ 40

《ら行》
ら ラフ集合理論 168

ランダム変数 52
り リアルオプション 17
離散時間市場モデル 82
リスクあり資産 65, 70
リスク管理 17, 159
リスク中立確率 78
リスク中立期待値 78
リスクなし資産 65
リスクヘッジ 39
リターン 51
流動性 55
量子コンピューティング 165
量子ファイナンス 166
量子力学 166
れ レバレッジ 38
レバレッジ効果 45
連続時間極限モデル 81
連続時間市場モデル 107
ろ ロボアドバイザー 136

《わ行》
わ ワンステップ二項モデル 58

アルファベット順

《A》
Apple Pay 129

《C》
CAMP 12
CD 29
CP 29

《F》
FB 30

《I》
ICT 128
IT 127

《L》
Lending Club 146

《M》
maneo 147
MF クラウド会計 129
MM 理論 10
MotionGallery 151

《N》
Nomad 162

《P》
P2P レンディング 142
PORTSTAR 139
Prosper 145

《S》
SMART FOLIO 138

《Z》
Zopa 144

175

[著者略歴]

赤間 世紀（あかま・せいき）

1984 年	東京理科大学理工学部経営工学科卒業
同　年	富士通（株）入社
1990 年	工学博士（慶應義塾大学）
1993 ～ 2006 年	帝京平成大学情報システム学科講師
2006 年～	シー・リパブリックアドバイザー
2008 ～ 2010 年	筑波大学大学院システム情報工学研究科客員教授

[主な著書]

フィンテック入門	Reasoning with Rough Sets
ウェーブレット変換がわかる本	Towards Paraconsistent Engineering
ウェーブレット変換がわかる本（実践編）	Introduction to Annotated Logics
DNA コンピュータがわかる本	Elements of Quantum Computing
「R」で始めるプログラミング	Logic, Language and Computation
LATEX 論文作成マニュアル	（以上、Springer）
集合知入門	
ビッグデータがわかる本	
基礎からわかる統計学	
「R」ではじめる統計	
マルチメディア入門［増補版］他、多数。	
（以上、工学社）	

本書の内容に関するご質問は、

① 返信用の切手を同封した手紙
② 往復はがき
③ FAX (03) 5269-6031
　（返信先の FAX 番号を明記してください）
④ E-mail　editors@kohgakusha.co.jp

のいずれかで、工学社編集部あてにお願いします。
なお、電話によるお問い合わせはご遠慮ください。

サポートページは下記にあります。

［工学社サイト］
http://www.kohgakusha.co.jp/

I/O BOOKS

金融工学入門

2018 年 5 月 20 日　初版発行　ⓒ 2018

著　者	赤間　世紀	
発行人	星　正明	
発行所	株式会社 **工学社**	
	〒160-0004 東京都新宿区四谷4-28-20 2F	
電話	(03) 5269-2041 (代)	［営業］
	(03) 5269-6041 (代)	［編集］
振替口座	00150-6-22510	

※定価はカバーに表示してあります。

［印刷］シナノ印刷（株）

ISBN978-4-7775-2051-0